Descubra Juegos Gratis Online

Disponibles Aquí:

BestActivityBooks.com/FREEGAMES

5 CONSEJOS PARA EMPEZAR

1) CÓMO RESOLVER LAS SOPA DE LETRAS

Los rompecabezas tienen un formato clásico:

- Las palabras se ocultan sin espacios ni guiones,...
- Orientación: Las palabras pueden escribirse hacia delante, hacia atrás, hacia arriba, hacia abajo o en diagonal (pueden estar invertidas).
- Las palabras pueden superponerse o cruzarse.

2) APRENDIZAJE ACTIVO

Junto a cada palabra hay un espacio para anotar la traducción. Para fomentar un aprendizaje activo, un **DICCIONARIO** al final de esta edición te permitirá comprobar y ampliar tus conocimientos. Busca y anota las traducciones, encuéntralas en el puzzle y añádelas a tu vocabulario!

3) MARCAR LAS PALABRAS

Puedes inventar tu propio sistema de marcado. ¿Quizás ya usas uno? También puedes, por ejemplo, marcar las palabras difíciles de encontrar con una cruz, las que te gustan con una estrella, las nuevas con un triángulo, las raras con un diamante, etc.

4) ESTRUCTURAR EL APRENDIZAJE

Esta edición ofrece un **CUADERNO DE NOTAS** muy práctico al final del libro. En vacaciones, de viaje o en casa, podrás organizar fácilmente tus nuevos conocimientos sin necesidad de un segundo cuaderno!

5) ¿HABÉIS TERMINADO TODAS LAS PARRILLAS?

En las últimas páginas de este libro, en la sección **DESAFÍO FINAL**, encontrarás un juego gratis!

¡Rápido y sencillo! Echa un vistazo a nuestra colección de libros de actividades para tu próximo momento de diversión y aprendizaje, ¡a sólo un clic de distancia!

Encuentre su próximo reto en:

BestActivityBooks.com/MiProximoLibro

En sus marcas, listos, ¡Ya!

¿Sabías que hay unas 7.000 lenguas diferentes en el mundo? Las palabras son preciosas.

Nos encantan los idiomas y hemos trabajado duro para crear libros de la más alta calidad para tí. ¿Nuestros ingredientes?

Una selección de temas adecuados para el aprendizaje, tres buenas porciones de entretenimiento, y luego añadimos una cucharada de palabras difíciles y una pizca de palabras raras. Los servimos con cariño y máxima diversión para que puedas resolver los mejores juegos de palabras y te diviertas aprendiendo!

Tu opinión es esencial. Puedes participar activamente en el éxito de este libro dejándonos un comentario. Nos encantaría saber qué es lo que más le ha gustado de esta edición.

Aquí hay un enlace rápido a tu página de pedidos:

BestBooksActivity.com/Opiniones50

Gracias por tu ayuda y diviértete!

Todo el equipo

1 - Ajedrez

```
C  S  W  P  R  H  P  Y  S  P  Y  P  C  M
H  A  Y  A  D  V  E  R  S  A  I  R  E  F
A  C  T  K  T  B  M  M  I  S  U  D  G  D
M  R  V  R  È  G  L  E  S  S  N  A  C  J
P  I  U  J  Z  J  I  A  R  I  B  Q  J  M
I  F  R  E  I  N  E  R  N  F  K  M  Y  G
O  I  M  U  Q  H  H  O  M  C  P  F  V  B
N  C  W  A  U  J  D  I  A  G  O  N  A  L
T  E  M  P  S  P  O  E  F  L  I  O  Y  N
T  O  U  R  N  O  I  U  B  M  N  I  G  G
I  N  T  E  L  L  I  G  E  N  T  R  R  G
A  P  P  R  E  N  D  R  E  U  S  M  E  U
C  O  N  C  O  U  R  S  G  L  R  D  D  B
A  E  I  S  T  R  A  T  É  G  I  E  I  D
```

APPRENDRE
BLANC
CHAMPION
CONCOURS
DIAGONAL
STRATÉGIE
INTELLIGENT
JEU
JOUEUR
NOIR

ADVERSAIRE
PASSIF
POINTS
RÈGLES
REINE
ROI
SACRIFICE
TEMPS
TOURNOI

2 - Agua

```
I  R  R  I  G  A  T  I  O  N  R  T  M  S
B  Q  N  G  I  H  U  M  I  D  I  T  É  F
O  C  S  I  E  N  O  T  P  M  C  D  P  L
C  U  I  A  F  Y  O  P  O  T  A  B  L  E
É  R  R  J  O  T  S  N  P  W  N  I  U  U
A  J  M  A  S  Q  G  E  D  M  A  Z  I  V
N  L  S  V  G  E  L  Y  R  A  L  A  E  E
T  V  T  É  V  A  P  O  R  A  T  I  O  N
V  A  G  U  E  S  N  H  C  N  E  I  G  E
D  P  L  K  B  F  E  U  T  R  A  Z  O  O
L  E  A  M  R  B  R  M  U  J  M  O  V  N
K  U  C  E  E  J  J  I  I  Y  T  O  U  L
I  R  E  H  P  U  W  D  O  U  C  H  E  A
M  O  U  S  S  O  N  E  D  O  F  J  Z  C
```

CANAL	LAC
DOUCHE	PLUIE
ÉVAPORATION	MOUSSON
GEYSER	NEIGE
GEL	OCÉAN
GLACE	VAGUES
HUMIDITÉ	POTABLE
OURAGAN	IRRIGATION
HUMIDE	FLEUVE
INONDATION	VAPEUR

3 - Granja #2

```
G N F R J M A A G I B H Q P
I R R I G A T I O N B L L R
S B A K B Ï O P Q Z E A É É
W X A N E S F X I Y R I G T
O K N L G E Q X R U G T U E
T A I Y V E R G E R E V M T
I R M O U T O N J D R B E C
H G A A G R I C U L T E U R
I C U C G R U C H E Y A L F
E R X H T L A M A U F G S Y
U H Q T U E O R G E R N V A
C A N A R D U U R P U E U R
J X J U U G G R T K I A C R
N O U R R I T U R E T U Q H
```

AGRICULTEUR   LAMA
ANIMAUX   MAÏS
ORGE   MOUTON
RUCHE   BERGER
NOURRITURE   CANARD
AGNEAU   PRÉ
FRUIT   IRRIGATION
GRANGE   TRACTEUR
VERGER   BLÉ
LAIT   LÉGUME

4 - Mueble

```
X B C M A T E L A S B R F Z
U I O O I W O L C É A H A T
N B U B U R E A U T N S U I
O L S F R G O A U A C S T Z
O I S U E S X I Q G L M E T
R O I T A P I S R È C T U S
E T N O A R M O I R E M I G
I H S N N C O C D E R V L T
L È H O L D I O E S C K C B
L Q L A C J O M A B A L V K
E U E U M B H M U V N A I Q
R E D X Y A B O X W A M X T
D Z J W A W C D I F P P H Z
T B C H A I S E Q T É E H W
```

TAPIS	MIROIR
OREILLER	BIBLIOTHÈQUE
ARMOIRE	ÉTAGÈRES
BANC	FUTON
LIT	HAMAC
COUSSINS	LAMPE
MATELAS	CHAISE
RIDEAUX	FAUTEUIL
COMMODE	CANAPÉ
BUREAU	

5 - Pesca

```
P  G  Y  L  Q  P  T  D  A  B  F  S  A  P
W  Y  E  J  C  P  L  Y  O  I  L  A  F  A
X  F  Y  P  E  A  W  F  P  E  E  I  P  T
M  Â  C  H  O  I  R  E  A  T  U  S  A  I
C  U  I  R  E  P  U  H  A  R  V  O  N  E
C  Q  O  Y  P  L  A  G  E  P  E  N  I  N
L  P  O  I  D  S  R  K  Q  S  P  U  E  C
A  F  C  B  A  T  E  A  U  O  W  Â  R  E
C  I  É  B  R  A  N  C  H  I  E  S  T  E
U  L  A  U  É  Q  U  I  P  E  M  E  N  T
L  N  N  C  R  O  C  H  E  T  U  H  I  O
E  X  A  G  É  R  A  T  I  O  N  M  E  E
C  T  H  T  P  J  Z  G  F  U  V  X  B  A
W  A  E  D  R  Q  P  H  T  A  J  Z  H  U
```

EAU	CROCHET
BATEAU	LAC
BRANCHIES	MÂCHOIRE
FIL	OCÉAN
APPÂT	PATIENCE
PANIER	POIDS
CUIRE	PLAGE
ÉQUIPEMENT	FLEUVE
EXAGÉRATION	SAISON

6 - Aviones

```
W O C H Y D R O G È N E A Q
L J I A T M O S P H È R E I
W U E V R A M O T E U R H C
R Q L H O B V X W E W M I E
B A L L O N U E Y Z L B S Z
D Q N P U K T R N N Z T T P
A A N W Z K N I A T D D O A
I F L Q C G M H Q N U X I S
R F N T B O I J F V T R R S
Z T K S I É Q U I P A G E A
N F U E U T H É L I C E S G
D E S I G N U P I L O T E E
H A U T E U R D Y Y A L N R
Q B I C N D I R E C T I O N
```

AIR   BALLON
ALTITUDE   HÉLICES
HAUTEUR   HYDROGÈNE
ATMOSPHÈRE   HISTOIRE
AVENTURE   MOTEUR
CIEL   PASSAGER
CARBURANT   PILOTE
DIRECTION   ÉQUIPAGE
DESIGN

7 - Tipos de Cabello

```
Z  F  X  M  C  B  B  S  B  R  T  Q  U  X
É  R  B  T  I  T  L  H  B  L  O  N  G  P
P  I  G  C  Y  N  F  A  P  J  O  S  E  C
A  S  G  R  I  S  C  V  N  W  H  N  Q  D
I  É  X  Z  E  A  B  E  V  C  Q  G  D  C
S  T  X  B  Q  I  T  E  T  R  E  S  S  É
H  R  D  R  F  N  B  O  U  C  L  E  S  Y
A  E  O  I  O  N  D  U  L  É  G  L  K  V
Z  S  U  L  C  O  U  R  T  D  C  Q  C  Y
U  S  X  L  C  H  A  U  V  E  L  S  R  T
L  E  L  A  R  G  E  N  T  E  F  Z  M  L
J  S  L  N  N  O  I  R  M  A  R  R  O  N
G  P  G  T  G  L  Q  O  W  J  G  U  G  E
X  F  F  H  V  Q  N  R  S  Q  V  J  Y  Z
```

BLANC	ONDULÉ
BRILLANT	ARGENT
CHAUVE	FRISÉ
COURT	BOUCLES
MINCE	BLOND
GRIS	SAIN
ÉPAIS	SEC
LONG	DOUX
MARRON	TRESSÉ
NOIR	TRESSES

8 - Ciencia Ficción

```
P L A N È T E M O N D E F W
F F E S W U F Y U T O P I E
A Y X L Z C I S V I H X M X
N Y P R F Q A T O M I Q U E
T T L A R V O É K T Q R I X
A R O B O T S R F B J É M T
S U S B I A K I L E W A A R
T C I N É M A E O E U L G Ê
I S O W A G P U I H R I I M
Q S N I V W G X N W O S N E
U O R A C L E B T Y Q T A D
E H T P H G A L A X I E I L
I L L U S I O N I N X F R M
E L I V R E S S N W D R E M
```

ATOMIQUE	IMAGINAIRE
CINÉMA	LIVRES
LOINTAIN	MYSTÉRIEUX
EXPLOSION	MONDE
EXTRÊME	ORACLE
FANTASTIQUE	PLANÈTE
FEU	RÉALISTE
GALAXIE	ROBOTS
ILLUSION	UTOPIE

9 - Juguetes

```
O Q R W C V C B B C E A A V
C L J H L T R A I N B V R O
K I E X D C U T M K K I T I
P O U P É E C E V I Q O I T
H O X J P R Q A K É O N S U
B A L L E F É U O H L N A R
F R P E I V F C W M U O N E
A O U X N O T T H H K O A L
V B Z U T L I V R E S C T A
O O Z H U A V F T A C E A G
R T L N R N W Q W S Y S M P
I D E O E T T A M B O U R S
I M A G I N A T I O N P Q N
H Y E A R G I L E Q Z C W V
```

ÉCHECS
ARGILE
ARTISANAT
AVION
BATEAU
VÉLO
BALLE
CAMION
VOITURE
CERF-VOLANT

FAVORI
IMAGINATION
JEUX
LIVRES
POUPÉE
PEINTURE
ROBOT
PUZZLE
TAMBOURS
TRAIN

10 - Circo

```
A C R O B A T E B M E I M Q
S I N G E H J A F O W K R Z
A L N B O J O S A N N R F G
T K P C D T N T P T I B S R
V M A G I E G U A R O M O U
T A R N V N L C N E I B F N
I G A W E T E E I R D C É X
G I D M R E U Q M L O D L H
R C E D T J R M A M I N É S
E I X H I P C Z U L W Z P H
X E D P R E P L X B I V H I
V N L O B A L L O N S O A Z
C O S T U M E U P W T D N Y
E X U M U S I Q U E N V T N
```

ACROBATE

ANIMAUX

BONBON

TENTE

PARADE

ÉLÉPHANT

DIVERTIR

BALLONS

LION

MAGIE

MAGICIEN

JONGLEUR

SINGE

MONTRER

MUSIQUE

CLOWN

TIGRE

COSTUME

ASTUCE

11 - Rellenar

```
P  E  Q  X  P  E  Y  N  F  B  O  Î  T  E
Z  W  N  F  Z  S  F  U  V  A  L  I  S  E
C  T  X  V  P  A  N  I  E  R  R  B  E  P
P  A  L  J  E  C  E  Z  N  I  X  A  A  L
O  A  R  J  B  L  F  S  G  L  D  S  U  A
T  A  Q  T  I  R  O  I  R  L  P  S  B  T
R  S  B  U  O  P  G  P  C  I  O  I  O  E
Q  C  F  T  E  N  S  Y  P  S  C  N  U  A
K  M  F  V  D  T  F  Z  K  E  H  I  T  U
K  B  B  A  I  G  N  O  I  R  E  T  E  Z
D  O  S  S  I  E  R  K  F  V  M  U  I  P
W  R  Z  E  G  H  G  G  S  G  S  B  L  Y
X  X  M  D  E  G  K  H  S  X  Z  E  L  Z
R  W  Y  Q  W  N  C  V  H  K  G  F  E  I
```

PLATEAU	PANIER
BAIGNOIRE	SEAU
BARIL	BASSIN
SAC	VASE
POCHE	VALISE
BOUTEILLE	PAQUET
BOÎTE	ENVELOPPE
TIROIR	POT
DOSSIER	TUBE
CARTON	

12 - Granja #1

```
A Z O R S E Â L J V G C C A
G G I D Q A N P H E O H O B
C N R M G U E G B A R E R E
R V Y I F O I N R U I V B I
E U D E C R I J W A Z A E L
D Y C L Y U W T Q B I L A L
C H I E N O L G A M E S U E
T L P O U L E T C H È V R E
C L Ô T U R E E U M C B S V
C C H A M P D R E R M R Z A
T H Q B N S L R T C E W G C
G R A I N E S E Z E M A N H
X C R T M W O P B G W S M E
Z Y W G C F T G R O E Y H K
```

ABEILLE	CHAT
AGRICULTURE	FOIN
EAU	MIEL
RIZ	CHIEN
ÂNE	POULET
CHEVAL	GRAINES
CHÈVRE	VEAU
CHAMP	TERRE
CORBEAU	VACHE
ENGRAIS	CLÔTURE

13 - Camping

```
I O X I O Y C A N O Ë W A S
U A M L P R O A R Q L U N E
S S T A Z Y R E R M A A I E
I L F C I L D P G T V K M H
N A T U R E E U T K E H A A
S N É Q U I P E M E N T U M
E T C A B I N E D A T A X A
C E C H A P E A U Q U R M C
T R E F B F J L F P R B B R
E N F U J A B J C E E R O E
G E B O U S S O L E U E R B
K Q M V R C H A S S E S J K
C T B S L Ê Q L F Z B D P Y
G H G M O N T A G N E B M Q
```

ANIMAUX
AVENTURE
ARBRES
FORÊT
BOUSSOLE
CABINE
CANOË
CHASSE
CORDE
ÉQUIPEMENT

FEU
HAMAC
INSECTE
LAC
LANTERNE
LUNE
CARTE
MONTAGNE
NATURE
CHAPEAU

14 - Fruta

```
V I O U R R U D R U H N B F
A V O C A T P A P A Y E A G
K R N O N N H V J K P C N O
A I V O R H A C X I Ê T A Y
B A I E I A X N N W C A N A
P O M M E X N F A I H R E V
O O U J Z C D G X S E I E E
I N C E R I S E E A K N G M
R W T K U T X H C Z A E E A
E H U K F R A M B O I S E N
S V Z O O O A B R I C O T G
Q J W N L N X T H Q K O Q U
M E L O N R A I S I N S X E
F A I O X K N E W A S X B U
```

AVOCAT
ABRICOT
BAIE
CERISE
NOIX DE COCO
FRAMBOISE
GOYAVE
KIWI
CITRON
MANGUE

POMME
PÊCHE
MELON
ORANGE
NECTARINE
PAPAYE
POIRE
ANANAS
BANANE
RAISIN

15 - Geología

```
S  B  F  S  P  B  F  V  C  O  R  A  I  L
T  E  O  T  L  Q  É  R  O  S  I  O  N  A
A  R  S  A  A  C  I  D  E  L  U  R  X  V
L  V  S  L  T  R  Z  O  N  E  C  D  F  E
A  E  I  A  E  I  A  C  O  J  Q  A  S  T
C  P  L  G  A  S  M  A  G  K  X  E  N  L
T  O  E  M  U  T  K  L  V  E  W  S  H  M
I  P  N  I  I  A  H  C  Q  A  Y  W  T  I
T  I  X  T  N  U  I  D  Q  C  S  L  N
E  E  G  E  I  X  Q  U  A  R  T  Z  E  É
F  R  F  S  Z  N  N  M  X  Z  Q  F  L  R
S  R  D  U  J  E  C  O  U  C  H  E  A
E  E  V  W  M  N  U  N  H  H  T  W  Q  U
L  C  A  V  E  R  N  E  T  E  A  Y  I  X
```

ACIDE	STALAGMITES
CALCIUM	FOSSILE
COUCHE	GEYSER
CAVERNE	LAVE
CONTINENT	PLATEAU
CORAIL	MINÉRAUX
CRISTAUX	PIERRE
QUARTZ	SEL
ÉROSION	VOLCAN
STALACTITE	ZONE

16 - Plantas

```
B  S  M  J  P  F  F  F  J  B  O  J  J  M
A  O  E  E  M  O  U  S  S  E  A  Z  I  J
M  B  T  B  N  R  A  C  I  N  E  I  H  Z
B  X  U  A  C  Ê  W  M  F  K  T  H  E  Z
O  F  E  N  N  T  C  N  L  R  N  A  R  Y
U  E  L  B  U  I  S  S  O  N  Y  R  B  G
K  U  Y  E  V  V  Q  X  R  Q  M  I  E  L
K  I  P  N  U  U  S  U  E  D  T  C  O  I
I  L  W  F  X  R  S  D  E  A  L  O  A  E
P  L  F  E  U  I  L  L  A  G  E  T  R  R
D  E  F  O  X  Z  P  É  T  A  L  E  B  R
V  É  G  É  T  A  T  I  O  N  T  D  R  E
O  E  R  J  A  R  D  I  N  H  T  B  E  M
E  N  G  R  A  I  S  C  A  C  T  U  S  W
```

BUISSON	FEUILLAGE
ARBRE	HARICOT
BAMBOU	LIERRE
BAIE	HERBE
FORÊT	FEUILLE
BOTANIQUE	JARDIN
CACTUS	MOUSSE
ENGRAIS	PÉTALE
FLEUR	RACINE
FLORE	VÉGÉTATION

17 - Suministros de Arte

```
C  C  K  P  P  A  A  R  G  I  L  E  B  C
R  O  J  A  W  A  Q  N  T  C  J  Y  R  R
A  U  U  S  S  C  U  S  X  R  A  W  O  É
Y  L  C  T  I  R  A  A  R  I  C  L  S  A
O  E  I  E  S  Y  R  M  B  L  H  E  S  T
N  U  D  L  E  L  E  C  É  S  E  U  E  I
S  R  É  S  C  I  L  H  O  R  V  P  S  V
Y  S  E  K  H  Q  L  C  L  L  A  R  L  I
G  L  S  E  A  U  E  T  A  B  L  E  U  T
G  O  I  M  I  E  S  C  O  E  E  J  É
W  E  M  R  S  E  N  C  R  E  T  M  H  J
N  M  C  M  E  P  A  P  I  E  R  I  D  M
N  S  Z  Q  E  P  E  I  N  T  U  R  E  Y
O  T  V  Y  T  H  U  I  L  E  D  Z  N  Y
```

HUILE
ACRYLIQUE
AQUARELLES
EAU
ARGILE
GOMME
CHEVALET
CAMÉRA
BROSSES
COULEURS

CRÉATIVITÉ
IDÉES
CRAYONS
TABLE
PAPIER
PASTELS
COLLE
PEINTURE
CHAISE
ENCRE

18 - Jardín

```
R J A R D I N F L V P O A B
P O R C H E M O R E E K F P
I Q C J K E T D G R X W L U
T T M H E M R W A G N E E N
J U O P E L L E R E O M U E
Y Y Y I G S G N A R R O R Q
Z J S A C O J U G A R B R E
H P X U U L P B E W Â A B C
A E H M R M M D H D T N X L
O L R É T A N G L L E C H Ô
P O X B U I S S O N A O A T
O U Y L E H I G L Y U H M U
F S T R A M P O L I N E A R
T E R R A S S E Q X O Y C E
```

BUISSON	JARDIN
ARBRE	TUYAU
BANC	PELLE
PELOUSE	PORCHE
ÉTANG	RÂTEAU
FLEUR	ROCHES
GARAGE	SOL
HAMAC	TERRASSE
HERBE	TRAMPOLINE
VERGER	CLÔTURE

19 - Países #2

```
S O U D A N T O G F Y K P S
Y U F G Z W C I R U S S I E
R G C C X I J N È I E C R U
I A G M C J M S C N T H L K
E N O F R A N C E D H S A R
J D A N E M A R K O I K N A
A A L B A N I E E N O P D I
M U M J R M U J T É P O E N
K E T A X K L A O S I R F E
B T X R Ï S S P C I E T E N
T N T I I Q P O G E M U U Z
D Q B L Q C U N B U C G X T
G S I J K U H E Z R J A T U
R K C Q V I E E J X X L A U
```

ALBANIE
AUTRICHE
DANEMARK
ETHIOPIE
FRANCE
GRÈCE
INDONÉSIE
IRLANDE
JAMAÏQUE

JAPON
LAOS
MEXIQUE
PORTUGAL
RUSSIE
SYRIE
SOUDAN
UKRAINE
OUGANDA

20 - Tecnología

```
C P O L I C E U H Y S H G C
N A V I G A T E U R C A C U
C N M O K H M B D B M B A R
M U A É C R A N U R L U D S
E M V I R T U E L N W O O E
S É V Z W A O C T E T S G U
S R I D R S I F H J A A A R
A I R S S R É D O N N É E S
G Q U I Q R E C H E R C H E
E U S U K Q U D U N E W Y Y
E E F I C H I E R R T F Z I
O R D I N A T E U R I D F M
T R M B I N T E R N E T Q N
S T A T I S T I Q U E S É A
```

FICHIER	INTERNET
BLOG	RECHERCHE
OCTETS	MESSAGE
CAMÉRA	NAVIGATEUR
CURSEUR	ORDINATEUR
DONNÉES	ÉCRAN
NUMÉRIQUE	SÉCURITÉ
STATISTIQUES	VIRTUEL
POLICE	VIRUS

21 - Números

```
S  E  I  Z  E  D  H  Z  L  M  Z  R  P  Z
E  N  E  U  F  C  I  N  Q  O  É  Q  L  H
P  V  Z  K  P  N  X  X  N  M  R  O  G  K
T  R  O  I  S  D  I  X  H  X  O  V  Z  B
L  D  É  C  I  M  A  L  O  U  B  R  D  Z
K  Y  F  K  X  V  C  T  E  K  I  Q  O  L
C  P  T  R  E  I  Z  E  V  C  J  T  U  H
D  Q  U  A  T  O  R  Z  E  N  I  D  Z  H
H  I  U  Q  K  Q  U  I  N  Z  E  I  E  Y
L  U  X  D  E  U  X  X  Z  N  Z  X  C  U
Z  Y  I  S  V  L  P  I  A  V  I  N  G  T
O  L  T  T  E  S  O  C  S  I  Q  E  W  D
V  N  M  Z  E  P  O  X  X  Z  A  U  W  S
J  L  C  Q  U  A  T  R  E  O  K  F  L  O
```

QUATORZE	DOUZE
ZÉRO	DEUX
CINQ	NEUF
QUATRE	HUIT
DÉCIMAL	QUINZE
DIX-NEUF	SIX
DIX-HUIT	SEPT
SEIZE	TREIZE
DIX-SEPT	TROIS
DIX	VINGT

22 - Mitología

```
D I S D K Q A V M A G V C J
C D M M W D Y F O R C E A A
I W O M Q O O I N W R N T L
E I R E O L T C S H É G A O
L G T J C R N R T É A E S U
É G E R A T T É R R T A T S
C U L T U R E A E O I N R I
L E É L W G I T L S O C O E
A R G L M O P U F I N E P Z
I R E H S O S R H J T S H K
R I N T O N N E R R E É E U
J E D C R O Y A N C E S D E
C R E L A B Y R I N T H E Y
K Q X H C A R C H É T Y P E
```

ARCHÉTYPE
JALOUSIE
CIEL
CRÉATION
CROYANCES
CRÉATURE
CULTURE
CATASTROPHE
FORCE
GUERRIER

HÉROS
IMMORTALITÉ
LABYRINTHE
LÉGENDE
MONSTRE
MORTEL
ÉCLAIR
TONNERRE
VENGEANCE

23 - Ecología

```
M F L T U U P L A N T E S R
M A R A I S A J S U R V I E
D I V E R S I T É W Z C Y S
U E M R V M N A T U R E L S
R S A V A F R U N C S F C O
A P R É R I L G L O B A L U
B È I G I I J O A A A U I R
L C N É É K J G R V D N M C
E E C T T U U G M E H E A E
H C W A É H A B I T A T T S
F N A T U R E Q K J F V J K
I P I I S É C H E R E S S E
K H C O M M U N A U T É S Y
X P U N B É N É V O L E S H
```

CLIMAT
COMMUNAUTÉS
DIVERSITÉ
ESPÈCE
FAUNE
FLORE
GLOBAL
HABITAT
MARIN
NATUREL

NATURE
MARAIS
PLANTES
RESSOURCES
SÉCHERESSE
DURABLE
SURVIE
VARIÉTÉ
VÉGÉTATION
BÉNÉVOLES

24 - Herramientas

```
N  T  R  E  C  O  R  D  E  Q  S  L  T  R
I  O  G  P  F  Â  G  D  Y  P  E  L  L  E
B  R  M  U  L  W  B  F  O  I  A  L  R  M
Y  C  A  C  M  B  M  L  V  N  G  B  N  M
R  H  I  R  È  G  L  E  E  C  R  N  T  A
B  E  L  S  H  A  C  H  E  E  A  R  B  R
Y  D  L  C  E  D  I  K  P  S  F  O  A  T
C  Z  E  O  O  A  G  R  A  F  E  U  S  E
H  X  T  H  B  U  U  C  O  L  L  E  B  A
Q  K  O  C  A  F  T  X  R  R  U  B  P  U
É  C  H  E  L  L  E  E  D  M  W  V  H  A
V  H  W  Z  J  S  N  R  A  S  O  I  R  D
U  R  E  Q  O  F  J  H  E  U  W  S  J  G
X  R  B  L  U  G  Y  R  Y  U  X  C  C  O
```

PINCES	MARTEAU
TORCHE	MAILLET
CÂBLE	RASOIR
COUTEAU	PELLE
CORDE	COLLE
ÉCHELLE	RÈGLE
AGRAFE	ROUE
AGRAFEUSE	CISEAUX
HACHE	VIS

25 - Casa

```
Q  B  G  G  M  H  X  J  O  P  A  L  E  D
B  E  I  C  U  I  S  I  N  E  T  U  A  E
G  J  P  B  R  W  X  U  S  R  R  S  X  C
M  A  O  B  L  E  S  K  I  B  V  O  S  G
I  R  R  T  M  I  L  A  M  P  E  U  C  R
R  D  T  A  E  D  O  U  C  H  E  S  H  E
O  I  E  D  G  K  X  T  S  O  L  S  E  N
I  N  Q  R  E  E  C  V  H  R  G  O  M  I
R  C  T  O  I  T  X  I  T  È  W  L  I  E
P  C  H  A  M  B  R  E  F  A  Q  B  N  R
I  G  P  B  A  L  A  I  N  T  P  U  É  T
R  O  B  I  N  E  T  P  F  T  G  I  E  I
C  S  U  C  L  Ô  T  U  R  E  O  D  S  M
F  E  N  Ê  T  R  E  E  Z  M  N  F  Z  Y
```

TAPIS	CHAMBRE
GRENIER	JARDIN
BIBLIOTHÈQUE	LAMPE
CHEMINÉE	MUR
CUISINE	SOL
DOUCHE	PORTE
BALAI	SOUS-SOL
MIROIR	TOIT
GARAGE	CLÔTURE
ROBINET	FENÊTRE

26 - Artes Visuales

```
B P D P Y F F I Q T Q C P O
J O G E E T I P C C M H O C
T C X A C R Z L W U S E R H
X H U F W H S U M U C V T A
E O J C I R E P R B U A R R
F I L R G M H F E Z L L A T
A R A É D M I H D C P E I I
C É R A M I Q U E Œ T T T S
R C G T K E F H A O U I A T
A R I I Y O C H A R R V V E
Y A L V E R N I S D E O R E
O I E I P E I N T U R E V E
N E S T Y L O Q S U S J C V
V U Q É D X P A C V G W R M
```

ARGILE   CHEF-D'ŒUVRE
ARTISTE   FILM
VERNIS   PERSPECTIVE
CHEVALET   PEINTURE
CIRE   POCHOIR
CÉRAMIQUE   STYLO
CRÉATIVITÉ   PORTRAIT
SCULPTURE   CRAIE
CRAYON

27 - Escuela #2

```
L A C E P A P I E R Q J I G
I C A N O R D I N A T E U R T
T A L S V C O X K F C U C A
T D E E Ê I A V L L R X R M
É É N I T S I Z I B X S A M
R M D G E E T D V S P X Y A
A I R N M A C T R E I T O I
T Q I A E U L U E W L O N R
U U E N N X J J S Y E A N E
R E R T T A J M I U C B F S
E V L O S É D U C A T I O N
B I B L I O T H È Q U E P O
W U S A C À D O S D R Z L V
Z D S C I E N C E O E E S U
```

ACADÉMIQUE
BUS
BIBLIOTHÈQUE
CALENDRIER
SCIENCE
ÉDUCATION
GRAMMAIRE
JEUX
CRAYON
LECTURE

LIVRES
LITTÉRATURE
SAC À DOS
ORDINATEUR
PAPIER
ENSEIGNANT
VÊTEMENTS
PROVISIONS
CISEAUX

28 - Selva Tropical

```
M A M M I F È R E S V O R P
K K K U P I N D I G È N E R
N A M P H I B I E N S M S É
Q P I B S U R V I E F O T S
W D E J O E S P È C E U A E
I N S E C T E S A E I S U R
C O M M U N A U T É M S R V
N Q P Y V U K N X X B E A A
N A I C F A Q Q I X K Z T T
S L T G B G O H C Q O K I I
R E F U G E H H T I U J O O
R B S Q R E S P E C T E N N
Q C W W Q E J U N G L E E V
O I S E A U X C L I M A T W
```

AMPHIBIENS
BOTANIQUE
CLIMAT
COMMUNAUTÉ
ESPÈCE
INDIGÈNE
INSECTES
MAMMIFÈRES
MOUSSE

NATURE
NUAGE
OISEAUX
PRÉSERVATION
REFUGE
RESPECT
RESTAURATION
JUNGLE
SURVIE

29 - Colores

```
O B L E U L F M M Q V B N E
I R Y Y S W W S W E K L I Z
C M A G E N T A É H E A N K
E O Z N O I R U V P Y N D U
A H U J G O H E I L I C I X
U J R E D E X C O J Z A G W
R F U C H S I A L A S K O R
O R N Y B E B Z E U G Z S Z
U X K A J R G N T N N M F B
G Z G N R O S E B E I G E X
E V E R T G I J O T D M L V
A D F F T C R A M O I S I Y
K M I B L R P I E T G G Y N
L V M A R R O N S M T O V O
```

JAUNE
BLEU
AZUR
BEIGE
BLANC
CRAMOISI
CYAN
FUCHSIA
GRIS
INDIGO

MAGENTA
MARRON
ORANGE
NOIR
VIOLET
ROUGE
ROSE
SÉPIA
VERT

30 - Adjetivos #1

```
A A X D J B R I L L A N T A
G R M I N N O C E N T T W A
É A O B Z R T U N G R A V E
N B M M I A V H T R L M H Y
É S O J A T N N O A D X S G
R O D E A T I Q É N O R M E
E L E U C R I E D D N O D D
U U R N T A I Q U O A Ê Z T
X P N E I C B M U X K N T L
W F E B F T L N Q E L W U E
F P R É C I E U X F O N C É
Y N R J L F B D D U U U W Z
P A R F A I T P T U R U R E
I M P O R T A N T N D Y C W
```

ABSOLU	IMPORTANT
ACTIF	INNOCENT
AMBITIEUX	JEUNE
AROMATIQUE	LENT
ATTRACTIF	MODERNE
BRILLANT	FONCÉ
ÉNORME	PARFAIT
GÉNÉREUX	LOURD
GRAND	GRAVE
HONNÊTE	PRÉCIEUX

31 - Familia

```
P O A B W Z M M S M M E Z Y
E N F A N C E È O A E A F V
T T W E M J N R E T G N R T
I V P Q P M F E U E R C È I
T H C H B M A T R R A Ê R Y
F N I È C E N A T N N T E U
I C A F M Z T N R E D R D V
L O U P U S H T F L P E X U
S U P O N C L E I A È È J J
F S Q D E M K K P T R Z R T
E I F W V X J R S G E H A E
M N L S E G R A N D M È R E
M U T L U V Q H G U H S K I
E W M I E N F A N T S P Q S
```

GRAND-MÈRE
GRAND-PÈRE
ANCÊTRE
FEMME
SOEUR
FRÈRE
FILLE
ENFANCE
MÈRE
MARI

MATERNEL
PETIT-FILS
ENFANT
ENFANTS
PÈRE
COUSIN
NIÈCE
NEVEU
TANTE
ONCLE

32 - Disciplinas Científicas

```
J H C F N T S N S L D N B C
C M B V E A O U A I K X I H
A I O X U N C T S N E P O I
E N T J R V I R T G A S L M
Y É A L O T O I R U R Y O I
O R N T L G L T O I C C G E
B A I D O P O I N S H H I Z
B L Q U G M G O O T É O E O
T O U A I Y I N M I O L D O
G G E L E T E E I Q L O F L
B I O C H I M I E U O G J O
R E É C O L O G I E G I G G
M É T É O R O L O G I E L I
G É O L O G I E L G E R C E
```

ANATOMIE	MÉTÉOROLOGIE
ARCHÉOLOGIE	MINÉRALOGIE
ASTRONOMIE	NEUROLOGIE
BIOLOGIE	NUTRITION
BIOCHIMIE	PSYCHOLOGIE
BOTANIQUE	CHIMIE
ÉCOLOGIE	SOCIOLOGIE
GÉOLOGIE	ZOOLOGIE
LINGUISTIQUE	

33 - Gatos

```
L I N D É P E N D A N T J P
W R W O F O C P E U M V G E
S F M R C U R I E U X R X R
A O Q M K O D G T H A K D S
U U U I G C H A S S E U R O
V R E R X E F E L J P Ô N
A R U F I L S F W B H A L N
G U E O F S P E R O J T E A
E R M U F I I C U A X T H L
A E E Y E S È T N W P E Y I
F D Y Q Z R G U R E N I U T
B W W I J D L E E U W V D É
V T I M I D E U F B L C A E
J O L F W B A X P D N X H R
```

AFFECTUEUX
CHASSEUR
QUEUE
CURIEUX
DORMIR
GRIFFE
DRÔLE
FIL
INDÉPENDANT
ESPIÈGLE

FOU
PATTE
PERSONNALITÉ
FOURRURE
PEU
SOURIS
RAPIDE
SAUVAGE
TIMIDE

34 - Cocina

```
É T A B L I E R N Q G N H C
P B P O T B M K Y R G N G O
I O M L A U A C L U B Q M U
C U T H S U M G O J O H Q T
E I Z H S A L M U V G S C E
S L R M E G R E C E T T E A
F L X C S S Y Q H T T D E U
C O N G É L A T E U R T E X
R I U B P R U A Q Q E H E K
U R Z R O M A G P J U D B S
C E B W N O U R R I T U R E
H T N I G C U I L L È R E S
E E X K E S V Z N K L K N U
J G R I L S E R V I E T T E
```

BOUILLOIRE   FOUR
NOURRITURE   CRUCHE
CONGÉLATEUR   BAGUETTES
CUILLÈRES   GRIL
LOUCHE   RECETTE
COUTEAUX   SERVIETTE
TABLIER   POT
ÉPICES   TASSES
ÉPONGE   BOL

35 - Escuela #1

```
A  D  N  D  E  S  S  T  Y  L  O  S  Q  X
S  L  I  V  R  E  S  N  P  S  W  E  N  J
R  É  P  O  N  S  E  S  X  K  X  I  V  F
H  O  A  H  D  O  S  S  I  E  R  S  B  J
D  M  P  J  A  A  M  U  S  E  M  E  N  T
É  A  P  C  U  B  C  Y  I  R  F  A  L  R
J  R  R  E  N  S  E  I  G  N  A  N  T  S
E  Q  E  A  B  G  F  T  A  J  Y  I  Q  H
U  U  N  C  Y  J  I  O  B  M  T  Q  U  D
N  E  D  R  C  H  A  I  S  E  I  O  I  C
E  U  R  A  E  X  A  M  E  N  S  S  Z  E
R  R  E  Y  G  T  B  U  R  E  A  U  J  L
A  S  N  O  M  B  R  E  S  Z  D  J  O  D
K  T  C  N  P  A  P  I  E  R  Z  P  K  V
```

ALPHABET	LIVRES
DÉJEUNER	MARQUEURS
AMIS	MATH
APPRENDRE	NOMBRES
DOSSIERS	PAPIER
AMUSEMENT	DES STYLOS
BUREAU	ENSEIGNANT
QUIZ	RÉPONSES
EXAMENS	CHAISE
CRAYON	

36 - Adjetivos #2

```
T  J  N  É  P  I  C  É  L  X  L  N  F  C
U  S  O  L  C  É  L  È  B  R  E  O  A  W
K  C  R  É  A  T  I  F  I  E  R  U  T  K
Q  W  M  G  G  G  D  Z  J  W  U  V  I  K
D  V  A  A  S  A  I  N  Y  F  C  E  G  G
I  R  L  N  H  F  C  M  C  E  W  A  U  S
B  N  A  T  U  R  E  L  J  P  X  U  É  G
M  K  J  M  D  E  S  C  R  I  P  T  I  F
J  F  S  Z  A  P  R  O  D  U  C  T  I  F
C  O  M  E  S  T  I  B  L  E  E  B  O  L
F  R  A  I  S  A  I  P  C  S  J  V  F  U
P  T  T  H  A  O  M  Q  H  E  Y  C  P  W
E  M  R  L  S  A  L  É  U  C  C  E  S  W
F  C  M  T  S  A  J  V  C  E  W  W  G  P
```

FATIGUÉ	NATUREL
COMESTIBLE	NORMAL
CRÉATIF	NOUVEAU
DESCRIPTIF	FIER
DRAMATIQUE	ÉPICÉ
ÉLÉGANT	PRODUCTIF
CÉLÈBRE	SALÉ
FRAIS	SAIN
FORT	SEC

37 - Cuerpo Humano

```
C J U Y F V R O T P E A U É
O E A K J I U R Y W C K Y P
U Z R M W D J E R N Œ H N A
D Z X V B C I I T K U N V U
E H T Q E E P L Ê R R G B L
O D Y N T A M L T E M Q O E
C O U L F Y U E E Z N T U S
V I S A G E M E N T O N C S
U G O N E G S I E L E T H A
Q T S G N T M Y Z Y I U E N
T V P U O Z V A L C L U B G
B K P E U T C D I I G T P B
C H E V I L L E S N N G G G
L J L C N E L G M S V C Q M
```

MENTON   LANGUE
BOUCHE   MAIN
TÊTE   NEZ
VISAGE   OEIL
CERVEAU   OREILLE
COUDE   PEAU
CŒUR   JAMBE
COU   GENOU
DOIGT   SANG
ÉPAULE   CHEVILLE

38 - Ciencia

```
M O L É C U L E S A A S K H
C L I M A T D J D F G C O V
U K Y L A B O R A T O I R E
É K T P L A N T E S B E G B
M V F L X C N L P P M N A N
F É O O K T É V F A I T N A
T R T L S F E I A R N I I T
M C Q H U S S M Q T É F S U
B K A W O T I S E I R I M R
A T O M E D I L A C A Q E E
Q N S Z V N E O E U U U D X
P H Y S I Q U E N L X E F O
G R A V I T É N Z E J T G I
S V H Y P O T H È S E J A V
```

ATOME
SCIENTIFIQUE
CLIMAT
DONNÉES
ÉVOLUTION
PHYSIQUE
FOSSILE
GRAVITÉ
FAIT

HYPOTHÈSE
LABORATOIRE
MÉTHODE
MINÉRAUX
MOLÉCULES
NATURE
ORGANISME
PARTICULES
PLANTES

39 - Dinosaurios

```
É  G  R  A  N  D  D  X  X  N  H  D  R  C
N  M  A  M  M  O  U  T  H  R  E  I  G  A
O  C  P  I  E  S  P  È  C  E  R  S  D  R
R  T  A  T  L  W  G  M  R  P  B  P  O  N
M  S  C  É  A  E  E  Y  K  T  I  A  P  I
E  R  E  G  V  I  S  Y  S  I  V  R  U  V
Q  U  E  U  E  O  L  C  R  L  O  I  I  O
J  D  C  J  Y  M  L  L  N  E  R  T  S  R
P  N  O  J  X  N  Y  U  E  H  E  I  S  E
Q  H  Z  L  A  I  N  W  T  C  M  O  A  L
L  R  P  W  O  V  Y  A  K  I  V  N  N  T
P  R  O  I  E  O  V  Z  E  V  O  P  T  U
J  K  R  T  E  R  R  E  V  K  N  N  K  P
W  G  B  S  Y  E  F  O  S  S  I  L  E  S
```

AILES
CARNIVORE
QUEUE
DISPARITION
ÉNORME
ESPÈCE
ÉVOLUTION
FOSSILES
GRAND

HERBIVORE
MAMMOUTH
OMNIVORE
PUISSANT
PROIE
RAPACE
REPTILE
TAILLE
TERRE

40 - Restaurante #2

```
D B U A P É R I T I F D S Q
L É G U M E S C K M O É O Q
S A L A D E S H D A U J U H
D M F I W R V A U F R E P O
O Î B K C V Z I J D C U E N
A I N K E I J S P B H N E C
B Z S E J Z E E S E E A U
X G S E R V E U R K T R K I
O I N G L A C E X D T V Q L
É P I C E S H G Â T E A U L
B O I S S O N F R U I T I È
M E O X J Y C J Z Y B E D R
O U Z G J Z M I Y H F J H E
A F P P M W P O I S S O N E
```

EAU	FRUIT
DÉJEUNER	GLACE
APÉRITIF	OEUF
BOISSON	GÂTEAU
SERVEUR	POISSON
DÎNER	SEL
CUILLÈRE	CHAISE
DÉLICIEUX	SOUPE
SALADE	FOURCHETTE
ÉPICES	LÉGUMES

41 - Profesiones #1

```
P  S  Y  C  H  O  L  O  G  U  E  B  W  P
C  H  A  S  S  E  U  R  V  B  G  M  G  I
M  U  S  I  C  I  E  N  I  P  E  Z  É  A
O  A  B  I  J  O  U  T  I  E  R  T  O  N
W  Q  E  N  T  R  A  Î  N  E  U  R  L  I
X  K  J  F  P  Y  Z  T  Q  A  I  V  O  S
B  É  D  I  T  E  U  R  H  O  C  U  G  T
A  D  P  R  C  T  S  K  V  L  Q  O  U  E
P  L  O  M  B  I  E  R  J  V  È  A  E  Z
R  L  M  I  A  V  O  C  A  T  Z  T  J  B
A  N  P  È  B  A  N  Q  U  I  E  R  E  T
N  H  I  R  A  S  T  R  O  N  O  M  E  Q
Z  H  E  E  C  M  É  D  E  C  I  N  W  S
C  A  R  T  O  G  R  A  P  H  E  J  X  V
```

AVOCAT	INFIRMIÈRE
ASTRONOME	ENTRAÎNEUR
ATHLÈTE	PLOMBIER
BANQUIER	GÉOLOGUE
POMPIER	BIJOUTIER
CARTOGRAPHE	MUSICIEN
CHASSEUR	PIANISTE
MÉDECIN	PSYCHOLOGUE
ÉDITEUR	

42 - Vehículos

```
C A R A V A N E S P M T Q M
T R A I N Z V O I T U R E O
D S I E R Z G U T G S A C T
D O G L A M B U L A N C E E
A U H I Z F U S É E H T V U
L S G E Z S B U S Y E E É R
C M T U C C A N U M B U L E
R A D E A U T A A O É R O O
S R M W W I E Z Y V F T R U
E I C I R B A A R U E O R G
F N P S O K U V C A R T I O
N K A R V N X I R L R N T T
T A X I Z V I O W P Y V F E
S B W J S O P N E U S H L O
```

AMBULANCE   FERRY
BUS   NAVETTE
AVION   MÉTRO
RADEAU   MOTEUR
BATEAU   PNEUS
VÉLO   SOUS-MARIN
CAMION   TAXI
CARAVANE   TRACTEUR
VOITURE   TRAIN
FUSÉE

43 - Vacaciones #2

```
V T P L A G E H Q R N Q D D
O E V A C A N C E S V Î L E
Y N R É S E R V A T I O N S
A T C G K S M E O J S A L T
G E B O M Y E W G X A É O I
E V H I J A R P X O N R I N
É T R A N G E R O Z L O S A
S W T V S R T Q C R U P I T
R E S T A U R A N T T O R I
H C C C W L A A X M X R A O
Ô B P A K Q I K E I O T Y N
T P P T R A N S P O R T T R
E O F O T T S P H O T O S B
L E U C Y R E N G B V T V K
```

AÉROPORT
TENTE
DESTINATION
ÉTRANGER
PHOTOS
HÔTEL
ÎLE
CARTE
MER
LOISIR

PASSEPORT
PLAGE
RÉSERVATIONS
RESTAURANT
TAXI
TRANSPORT
TRAIN
VACANCES
VOYAGE
VISA

44 - Cumpleaños

```
Y N F A J L C C C D I X A C
F T Y T O W H J A I N É P A
S Ê F L Y X A T L L V U P D
R P T J E U N E E W I G R E
H N É E U T S M N F T A E A
A I I C X P O P D D A M N U
N M L P I Q N S R H T I D T
N F U D U A K R I E I S R O
É Y L S D I L B E U O L E G
E C V T E N H U R R N A E Â
J O U R L M S A G E S S E T
T B O U G I E S U U I F N E
A M Q P X J R N K X K O P A
R S H C N C A R T E S Q P U
```

JOYEUX
AMIS
ANNÉE
APPRENDRE
CALENDRIER
CHANSON
FÊTE
AMUSEMENT
JOUR
SPÉCIAL

HEUREUX
INVITATIONS
JEUNE
NÉ
GÂTEAU
CADEAU
SAGESSE
CARTES
TEMPS
BOUGIES

45 - Baile

```
K G Q T C U L T U R E L F C
N F U R E X P R E S S I F L
P F I M É G X A F A R T F A
C O R P S P T D Y U G G M S
G O M B D A É I N T A L O S
V R Y S G R Y T H M E L U I
I M Â S B T D I I Q X U V Q
S U K C M E P O S T U R E U
U S V G E N V N O P I J M E
E I K O Q A T N M O Q O E A
L Q M W V I Q E X I J Y N F
C U L T U R E L T Z M E T Z
K E Y L Q E P E Z Y L U I W
É M O T I O N J K P E X X O
```

JOYEUX
ART
CLASSIQUE
CORPS
CULTURE
CULTUREL
ÉMOTION
RÉPÉTITION
EXPRESSIF

GRÂCE
MOUVEMENT
MUSIQUE
POSTURE
RYTHME
SAUT
PARTENAIRE
TRADITIONNEL
VISUEL

46 - Matemáticas

```
R E C T A N G L E R J K R P
V X F É N O C S P A D P D O
O P R Q G H E Y A R I F G L
L O A U L Z D M R I A V G Y
U S C A E O S É A T M Y É G
M A T T S P V T L H È L O O
E N I I B É S R L M T D M N
C T O O N R P I È É R É É E
B A N N N I H E L T E C T L
E A R P E M È I E I P I R I
X F E R Y È R B X Q L M I Y
E J T S É T E I D U T A E Z
L W G A Q R U P A E Z L R R
D R G C M E N O M B R E S I
```

ARITHMÉTIQUE	GÉOMÉTRIE
ANGLES	NOMBRES
CARRÉ	PARALLÈLE
DÉCIMAL	PÉRIMÈTRE
DIAMÈTRE	POLYGONE
ÉQUATION	RAYON
SPHÈRE	RECTANGLE
EXPOSANT	SYMÉTRIE
FRACTION	VOLUME

47 - Restaurante #1

```
I  L  S  E  R  V  I  E  T  T  E  C  L  D
T  N  O  U  R  R  I  T  U  R  E  U  P  X
R  W  G  R  É  S  E  R  V  A  T  I  O  N
C  H  C  R  E  S  T  R  O  L  E  S  U  J
K  C  A  F  É  P  I  C  É  O  G  I  L  O
Z  H  Z  C  B  D  A  W  R  D  E  N  E  C
A  Z  A  O  O  Y  I  P  A  I  N  E  T  M
S  L  F  U  L  M  S  E  R  V  E  U  S  E
S  V  L  T  G  L  X  A  N  D  O  D  L  N
I  B  I  E  K  G  U  H  J  T  M  L  Q  U
E  T  K  A  R  T  C  A  I  S  S  I  E  R
T  V  Z  U  N  G  S  S  A  U  C  E  V  R
T  Z  M  K  A  D  I  D  E  S  S  E  R  T
E  L  S  K  S  N  E  E  D  Z  C  L  K  P
```

ALLERGIE
CAFÉ
CAISSIER
SERVEUSE
VIANDE
CUISINE
NOURRITURE
COUTEAU
INGRÉDIENTS
MENU

PAIN
ÉPICÉ
ASSIETTE
POULET
DESSERT
RÉSERVATION
SAUCE
SERVIETTE
BOL

48 - Profesiones #2

```
D  P  C  V  F  J  J  H  E  I  J  I  P  P
E  H  H  B  V  A  W  L  N  N  O  C  E  H
N  I  I  L  F  R  Y  L  S  V  U  Q  I  O
T  L  R  I  M  D  X  B  E  E  R  S  N  T
I  O  U  N  X  I  K  F  I  N  N  I  T  O
S  S  R  G  P  N  V  H  G  T  A  N  R  G
T  O  G  U  T  I  B  E  N  E  L  G  E  R
E  P  I  I  R  E  L  B  A  U  I  É  D  A
Y  H  E  S  D  R  L  O  N  R  S  N  F  P
A  E  N  T  O  I  J  C  T  E  T  I  R  H
D  É  T  E  C  T  I  V  E  E  E  E  L  E
I  Z  A  G  R  I  C  U  L  T  E  U  R  J
M  É  D  E  C  I  N  V  Q  X  G  R  Q  S
B  I  O  L  O  G  I  S  T  E  B  V  D  E
```

AGRICULTEUR	INVENTEUR
BIOLOGISTE	JARDINIER
CHIRURGIEN	LINGUISTE
DENTISTE	MÉDECIN
DÉTECTIVE	JOURNALISTE
PHILOSOPHE	PILOTE
PHOTOGRAPHE	PEINTRE
INGÉNIEUR	ENSEIGNANT

49 - Senderismo

```
R V K C O X Z G B Z F N L I
Y Q F A L A I S E Z A A O J
M O U S T I Q U E S T T U B
A B B A X O M C A U I U R O
N O V U W L P A U E G R D R
I T U V E S I A T E U E S I
M T C A R T E H R F É Q O E
A E Y G Y P R E X C K B M N
U S H E E N R X Y F S K M T
X W E M M L E U T M G Y E A
S O L E I L S R O R S B T T
G U I D E S C A M P I N G I
J E K B S M O N T A G N E O
W A L P R É P A R A T I O N
```

FALAISE

EAU

ANIMAUX

BOTTES

CAMPING

FATIGUÉ

CLIMAT

SOMMET

GUIDES

CARTE

MONTAGNE

MOUSTIQUES

NATURE

ORIENTATION

PARCS

LOURD

PIERRES

PRÉPARATION

SAUVAGE

SOLEIL

50 - Naturaleza

```
B  R  O  U  I  L  L  A  R  D  E  Z  Y  S
J  Q  O  A  K  H  D  S  N  S  J  X  S  A
V  U  L  J  T  F  G  N  F  U  P  Y  Z  U
A  A  B  E  I  L  L  E  S  É  A  J  G  V
S  R  A  W  K  E  A  J  Z  R  B  G  I  A
T  A  C  M  S  U  C  B  B  O  R  C  E  G
R  D  N  T  P  V  I  A  L  S  I  P  Q  E
O  B  F  C  I  E  E  A  N  I  M  A  U  X
P  E  D  Z  T  Q  R  J  Z  O  S  I  V  K
I  A  K  N  S  U  U  Q  O  N  E  S  I  D
C  U  P  K  W  D  A  E  T  V  R  I  T  A
A  T  F  O  R  Ê  T  I  K  E  E  B  A  A
L  É  D  É  S  E  R  T  R  E  I  L  L  O
D  Y  N  A  M  I  Q  U  E  E  N  E  I  I
```

ABEILLES	NUAGE
ANIMAUX	PAISIBLE
ARCTIQUE	ABRI
BEAUTÉ	FLEUVE
FORÊT	SAUVAGE
DÉSERT	SANCTUAIRE
DYNAMIQUE	SEREIN
ÉROSION	TROPICAL
GLACIER	VITAL
BROUILLARD	

51 - Vacaciones #1

```
U E D E V I S E A I R G I S
B O X O W E R B V L E N R A
Y Q O P U Y M I I E L D P C
X S E F É A O L O Y A E A À
N A G E R D N L N R X K R D
R B G U D G I E I Z A V A O
X R C T R A M T V N T A P S
G T L R B G U T I V I L L J
L U Q L A C S N W O O I U J
D É P A R T É G U I N S I R
O H O D A U E D T T Q E E V
J Z N U S Q O Y R U W D Z T
U D J E I T I N É R A I R E
T O U R I S T E D E C D W M
```

DOUANE

AVION

BILLET

VOITURE

EXPÉDITION

ALLER

ITINÉRAIRE

LAC

VALISE

SAC À DOS

DEVISE

MUSÉE

NAGER

PARAPLUIE

RELAXATION

DÉPART

TRAM

TOURISTE

52 - Conduciendo

```
S  Z  S  A  U  O  P  P  M  D  M  G  A  G
C  É  E  U  P  J  I  O  O  A  O  Z  C  A
J  P  C  R  I  H  É  L  T  N  V  O  C  Z
U  U  A  U  F  Z  T  I  E  G  L  Q  I  X
S  M  M  C  R  P  O  C  U  E  Z  I  D  I
W  S  I  W  E  I  N  E  R  R  P  Q  E  E
T  O  O  Q  I  S  T  R  A  F  I  C  N  G
C  O  N  V  N  N  L  É  P  I  Q  E  T  A
K  A  R  G  S  B  V  R  V  C  R  R  L  R
J  O  R  T  U  N  N  E  L  M  T  U  G  A
X  Q  W  T  R  A  N  S  P  O  R  T  E  G
K  N  X  T  E  K  C  V  I  T  E  S  S  E
C  A  R  B  U  R  A  N  T  O  W  Q  P  Y
V  O  I  T  U  R  E  L  I  C  E  N  C  E
```

ACCIDENT   MOTO
RUE   MOTEUR
CAMION   PIÉTON
VOITURE   DANGER
CARBURANT   POLICE
FREINS   SÉCURITÉ
GARAGE   TRANSPORT
GAZ   TRAFIC
LICENCE   TUNNEL
CARTE   VITESSE

53 - Ballet

```
R R C D T K K I V C S C D I
É N O A M U S C L E S O T S
P J M N S Y D M V V A M L O
É G P S P U B L I C U P P O
T E O E N H B T B T R É R O
I S S U A T A D S F E T A R
T T I R Q M L R T L S E T C
I E T S T M L O Y G S N I H
O V E H A O E L L T T C Q E
N I U W X R R A E K H E U S
I E R C G G I I R Ç I M E T
B J Z Y X W N H H X O K E R
M U S I Q U E T Q E K N U E
C H O R É G R A P H I E S L
```

PUBLIC
BALLERINE
DANSEURS
COMPOSITEUR
CHORÉGRAPHIE
RÉPÉTITION
STYLE
GESTE

COMPÉTENCE
LEÇONS
MUSCLES
MUSIQUE
ORCHESTRE
PRATIQUE
RYTHME
SOLO

54 - Aventura

```
E E X C U R S I O N D S N D
I N H A B I T U E L A U A I
J V T B C H A N C E N R V T
A T O H J S F M U E G P I I
B R A V O U R E I R E R G N
L K N F I U H W E S R E A É
Y L H A E X S N Q G E N T R
Y P A C T I V I T É U A I A
N F S V I U P U A N X N O I
S W J A P B R P T S O T N R
L B E A U T É E C O M I K E
D E S T I N A T I O N E H J
P R É P A R A T I O N N T T
N O U V E A U V O Y A G E S
```

ACTIVITÉ	NATURE
JOIE	NAVIGATION
AMIS	NOUVEAU
BEAUTÉ	CHANCE
DESTINATION	DANGEREUX
ENTHOUSIASME	PRÉPARATION
EXCURSION	SURPRENANT
INHABITUEL	BRAVOURE
ITINÉRAIRE	VOYAGES

55 - Pájaros

```
S G Z C C Q Z J P M O I E H
R J P M C O R B E A U E P H
C I G O G N E P R N C M U J
A U S I B W Z O R C O O B F
N V J N G J K U O H L U S L
A W Q E A P M L Q O O E S A
R K L A W C Q E U T M T K M
D O J U P Y H T E Z B T X A
F R B S S W S É T B E E I N
A U T R U C H E R Z K C U T
U I P É L I C A N O Z Y E P
C U G N Z T O U C A N G F D
O X B L S B L J G L D N Q T
N P N H E C O U C O U E I G
```

AUTRUCHE   MOINEAU
AIGLE   FAUCON
CIGOGNE   OEUF
CYGNE   PERROQUET
COUCOU   COLOMBE
CORBEAU   CANARD
FLAMANT   PÉLICAN
OIE   MANCHOT
HÉRON   POULET
MOUETTE   TOUCAN

56 - Surf

```
C R W U M Q R I Z C Y F Q E
C H C Y B L G K D J K F M S
V P A G A I E R É C I F P T
A M M M É T É O B S S J O O
G T R F P G D C U J T X P M
U F H P Q I F É T P V Y U A
E O L L P J O A A W I X L C
P U V A È U R N N E T I A E
R L V G C T C A T X E H I O
Y E V E Y C E G S T S Y R T
X S S A G L B E B R S N E B
M O U S S E B R K Ê E E G X
P D J Q O W Z L X M O R Q Z
Z I U V I A M U S E M E N T
```

RÉCIF	FOULES
ATHLÈTE	NAGER
CHAMPION	OCÉAN
MÉTÉO	VAGUE
AMUSEMENT	PLAGE
MOUSSE	POPULAIRE
STYLE	DÉBUTANT
ESTOMAC	PAGAIE
EXTRÊME	VITESSE
FORCE	

57 - Geografía

```
S R T T W P N C C R M U Y M
U Q É X Q A O O J A É X M O
D E L G M Y R N V I R I N N
N M Y U I S D T F X I T R T
W L O W H O G I R B D O E A
D A J G É S N N K K I U W G
N T S S M F L E U V E E D N
I I P Z I M O N D E N S E E
A T L A S F W T Z Q Z T G G
V U M K P L O N G I T U D E
I D M V H I Î N F Y U M T G
L E E E È A L T I T U D E U
L G H T R A E H C A S T B J
E T P T E R R I T O I R E D
```

ALTITUDE	MÉRIDIEN
ATLAS	MONTAGNE
VILLE	MONDE
CONTINENT	NORD
HÉMISPHÈRE	OUEST
ÎLE	PAYS
LATITUDE	RÉGION
LONGITUDE	FLEUVE
CARTE	SUD
MER	TERRITOIRE

58 - Deportes

```
T C N X B F B A S E B A L L
E O H O C K E Y T J G U N V
N B W A B M A D B H O X M É
N A Y G M D E B G G L L K L
I S É S Y P W Y S A F È X O
S K Q T E M I T K G Y F T H
J E U A H O N O A N I I K E
R T I D E U A A N A R J V L
J B P E U V G S S N T Y T C
O A E L Z E E F N T A X C R
U L I Q F M R A R B I T R E
E L I M L E P T H S Z Q O E
U L G Y M N A S E X G W U O
R W Q E N T R A Î N E U R E
```

ATHLÈTE   GYMNASTIQUE
ARBITRE   GYMNASE
BASKET-BALL   GOLF
BASE-BALL   HOCKEY
VÉLO   JEU
CHAMPIONNAT   JOUEUR
ENTRAÎNEUR   MOUVEMENT
ÉQUIPE   NAGER
STADE   TENNIS
GAGNANT

59 - Actividades

```
G C D X H J D J A V P Z I L
M D D M X F E A R T U R N E
C O U T U R E R T L Z E T C
C É M A G I E D I O Z L É T
K H R Z D Q P I S I L A R U
S I A A G B V N A S E X Ê R
W R Z S M X D A N I S A T E
D V Y Q S I J G A R E T S X
T W W T L E Q E T P O I Z J
P C J L Z N G U U Z N O E L
Ê P L A I S I R E X R N O L
C O M P É T E N C E S J G M
H P H O T O G R A P H I E V
E A C T I V I T É U W S J P
```

ACTIVITÉ	JARDINAGE
ART	JEUX
ARTISANAT	LECTURE
CHASSE	MAGIE
CÉRAMIQUE	LOISIR
COUTURE	PÊCHE
PHOTOGRAPHIE	PLAISIR
COMPÉTENCE	RELAXATION
INTÉRÊTS	PUZZLES

60 - Verduras

```
J Z G C I T R O U I L L E T
Y C H A M P I G N O N I S G
X A R T I C H A U T H K O I
C O N C O M B R E T F D I N
R J L Z X D R P O I S H G G
Y T Q T E A U B E R G I N E
J K G S B P N O Y R N C O M
C É L E R I A N L Z S T N B
A I L S O C V T S I V I Y R
Y C C C K E S A B V C L E
V C A R O T T E L T W E G A
W Q A F L D D A A M E M Q Y
V P É P I N A R D R A D I S
T O M A T E J P E B O K R H
```

AIL
ARTICHAUT
CÉLERI
AUBERGINE
BROCOLI
CITROUILLE
OIGNON
SALADE
ÉPINARD
POIS

GINGEMBRE
NAVET
OLIVE
PATATE
CONCOMBRE
PERSIL
RADIS
CHAMPIGNON
TOMATE
CAROTTE

61 - Instrumentos Musicales

```
T R O M B O N E K N R T W B
A R G M G R S L E T K Q M A
M D O S A X O P H O N E A S
B K N M A R I M B A V T N S
O Q G Z P F L Û T E F A D O
U X A X I E D V Z A E M O N
R V G E A A T B U G Y B L B
I A D M N B V T C A D O I A
N I U R O G M O E H D U N N
V I O L O N G U I T A R E J
C L A R I N E T T E P R I O
H A R M O N I C A E V L P O
P E R C U S S I O N E U A E
H A U T B O I S X E G G R S
```

HARMONICA	HAUTBOIS
HARPE	TAMBOURIN
BANJO	PERCUSSION
CLARINETTE	PIANO
BASSON	SAXOPHONE
FLÛTE	TAMBOUR
GONG	TROMBONE
GUITARE	TROMPETTE
MANDOLINE	VIOLON
MARIMBA	

62 - Escalada

```
A K S Q M C A S Q U E Y R B
B I K H G U I D E S O N G T
A L I Q B R E X P E R T W L
U C N I F I B L E S S U R E
P E D S F O R C E X Z J W G
S K P H Y S I Q U E G R F P
É T G I N I W R T X C R O T
T C A X A T M O S P H È R E
R A N B A É T Q V D A R M R
O R T V I B O T T E S D A R
I T S Q D L S P U X B S T A
T E B A L T I T U D E Q I I
J N N D G R O T T E O L O N
W R A N D O N N É E K K N H
```

ALTITUDE	PHYSIQUE
ATMOSPHÈRE	FORMATION
BOTTES	FORCE
CASQUE	GANTS
GROTTE	GUIDES
CURIOSITÉ	BLESSURE
STABILITÉ	CARTE
ÉTROIT	RANDONNÉE
EXPERT	TERRAIN

63 - Mascotas

```
L T Q H O K Z M T C H V K O
G G L G D E A U K H X V P W
Q S N S P O C C U A T H X V
R H D Q V C H I O T J B O L
V S O U R I S G G L A P I N
N O U R R I T U R E L P S H
C I B E V O Q O U P S I A X
L H M O L K U A R A Q C E G
É A È J N C E N G T Z U C R
Z M W V F E U V N T U X H I
A S G A R W E H S E E E I F
R T A C J E L A I S S E E F
D E Z H P O I S S O N S N E
L R G E P E R R O Q U E T S
```

EAU

CHÈVRE

CHIOT

QUEUE

COLLIER

NOURRITURE

LAPIN

LAISSE

GRIFFES

CHAT

HAMSTER

LÉZARD

PERROQUET

PATTES

CHIEN

POISSON

SOURIS

TORTUE

VACHE

64 - Formas

```
J N J B O R D S N C U B E L
C A R R É V D D Z O Y H K C
Q Z D P T L A R C I W E M O
H Y P E R B O L E N F A O U
M S C Z I I K C E R C L E R
D M Ô W A I S T B P Y I L B
P Z T Q N S P M E Y L G L E
G O É U G T H C E R I N I C
S H L K L P È R X A N E P T
O V V Y E F R X H M D F S M
C Ô N E G I E E D I R I E G
I D F G G O V W J D E K D B
O R E C T A N G L E E N D E
O D Q Q X K P E H V G I B H
```

ARC	COIN
BORDS	HYPERBOLE
CYLINDRE	CÔTÉ
CERCLE	LIGNE
CÔNE	OVALE
CARRÉ	PYRAMIDE
CUBE	POLYGONE
COURBE	PRISME
ELLIPSE	RECTANGLE
SPHÈRE	TRIANGLE

65 - Flores

```
L Y S U X T T G M Z C J U G
A I K G F U O Y A C G A P B
V P L G W L U H G A P S A O
A I F A W I R Q N E É M V U
N S W R S P N M O M T I O Q
D S D D E E P L J A N T U
E E F É P A S S I F L O R E
F N V N P O O C A H E R O T
M L U I O I L R I O S C S D
W I N A G U V X K F T H E Q
W T R È F L E O O Q D I Z S
W M A R G U E R I T E D Z G
J O N Q U I L L E N G É I Y
H I B I S C U S N C E E D G
```

PAVOT
PISSENLIT
GARDÉNIA
TOURNESOL
HIBISCUS
JASMIN
LAVANDE
LILAS
LYS
MAGNOLIA

MARGUERITE
JONQUILLE
ORCHIDÉE
PASSIFLORE
PIVOINE
PÉTALE
BOUQUET
ROSE
TRÈFLE
TULIPE

66 - Astronomía

```
É L T L O P L A N È T E D F
Q C O N S T E L L A T I O N
U S A T E L L I T E L M M M
I F Q E I G É C L I P S E H
N U X R I J A U N I V E R S
O S P R D T É L E S C O P E
X É M E Z H K Q A R L D B D
E E É X C P O C C X C U K P
A S T R O N A U T E I M N U
L H É W S I B K F H E E G E
C N O A M E Y I T Y L B V U
V C R J O A S T R O N O M E
Z A E E S R A D I A T I O N
U V E S M A S T É R O Ï D E
```

ASTÉROÏDE
ASTRONAUTE
ASTRONOME
CIEL
FUSÉE
CONSTELLATION
COSMOS
ÉCLIPSE
ÉQUINOXE

GALAXIE
LUNE
MÉTÉORE
PLANÈTE
RADIATION
SATELLITE
TÉLESCOPE
TERRE
UNIVERS

67 - Tiempo

```
C Y C U E Y K R M P P E R Z
X N F H A O B B A V A N T F
D É C E N N I E T H W A C T
M D J F N C N A I H S F A R
F O O O É J U U N O T M L C
K H I K E J I J E R P S E P
P A Z S G O T O O L L S N S
S K Y X F U T U R O M I D I
Y I N G C R G R U G I È R T
S E M A I N E D H E N C I S
H M O M E N T H S Y U L E L
Q I P C Q D K U K I T E R D
V J E J H I O I Z H E U R E
M H L R M A I N T E N A N T
```

MAINTENANT	AUJOURD'HUI
AVANT	MATIN
ANNUEL	MIDI
ANNÉE	MOIS
HIER	MINUTE
CALENDRIER	MOMENT
DÉCENNIE	NUIT
JOUR	HORLOGE
FUTUR	SEMAINE
HEURE	SIÈCLE

68 - Paisajes

```
E Q H O V J H R E M G J T C
Y S A W Y B U X J O R Q O V
K F T Z M S O W P N O F U G
V G B U F O J K E T T E N L
A Z G M A R A I S A T V D A
E K Y L B I P L A G E A R C
L A G U N E R G C N I L A I
A D O L M Î L E L E C L V E
C N A C T E Y Y E O E É O R
D É S E R T R S F P B E L I
P H I M P F L E U V E T C N
H T S Q C D X R I G R Z A F
C A S C A D E O K O G B N I
P É N I N S U L E Q S I K Y
```

CASCADE   MER
GROTTE   MONTAGNE
DÉSERT   OASIS
ESTUAIRE   MARAIS
GEYSER   PÉNINSULE
GLACIER   PLAGE
ICEBERG   FLEUVE
ÎLE   TOUNDRA
LAC   VALLÉE
LAGUNE   VOLCAN

69 - Días y Meses

```
M  S  H  Q  F  L  J  I  J  J  I  Z  E  H
O  A  N  N  É  E  U  O  E  A  V  R  I  L
C  M  R  O  V  A  I  N  U  N  X  O  Q  V
T  E  G  D  R  A  L  N  D  V  V  T  M  E
O  D  W  I  I  I  L  O  I  I  Q  O  E  N
B  I  V  M  E  B  E  X  H  E  S  B  R  D
R  O  J  A  R  L  T  P  M  R  K  W  C  R
E  I  M  N  O  V  E  M  B  R  E  R  R  E
E  L  G  C  M  F  Q  H  Y  Y  N  X  E  D
V  I  V  H  O  Z  J  U  I  N  A  V  D  I
P  Y  F  E  I  H  A  V  P  V  W  O  I  W
E  O  M  L  S  E  M  A  I  N  E  C  Û  R
C  A  L  E  N  D  R  I  E  R  K  Z  I  T
J  S  E  P  T  E  M  B  R  E  F  X  O  C
```

AVRIL	LUNDI
AOÛT	MARDI
ANNÉE	MOIS
CALENDRIER	MERCREDI
DIMANCHE	NOVEMBRE
JANVIER	OCTOBRE
FÉVRIER	SAMEDI
JEUDI	SEMAINE
JUILLET	SEPTEMBRE
JUIN	VENDREDI

70 - Chocolate

```
C A C A O B G C R A M E R R
F A V O R I Y A E R R V B Q
U Q R D O U X C C T Q Ô Y Y
C U U A S P M A E I P I M E
S A E H M B D H T S U C R E
A L L P D E J U T A G M D N
V I E O S N L È E N S S É R
E T I U R W M T A A F Y L H
U É Q D O I X E S L U V I G
R D K R S C E S M G L W C V
Z L C E Z M N S M S N P I F
I N G R É D I E N T O P E A
G O Û T P K E X O T I Q U E
N O I X D E C O C O V P X Y
```

AMER
ARÔME
ARTISANAL
SUCRE
CACAHUÈTES
CACAO
QUALITÉ
CALORIES
CARAMEL
NOIX DE COCO

DÉLICIEUX
DOUX
EXOTIQUE
FAVORI
GOÛT
INGRÉDIENT
POUDRE
RECETTE
SAVEUR

71 - Barbacoas

```
F  A  I  M  O  M  E  D  D  J  E  U  X  R
T  R  M  G  R  I  L  É  G  L  N  O  X  U
O  L  U  V  X  C  D  J  E  É  F  I  Q  F
M  S  S  I  W  X  O  E  T  G  A  G  L  K
A  I  I  F  T  B  F  U  K  U  N  N  P  R
T  E  Q  T  A  J  Z  N  T  M  T  O  W  S
E  G  U  E  X  M  S  E  L  E  S  N  C  A
S  Q  E  L  F  T  I  R  U  S  A  S  K  L
C  H  A  U  D  W  D  L  T  I  U  U  O  A
P  O  I  V  R  E  Î  M  L  R  C  Z  X  D
I  S  N  U  B  U  N  Z  L  E  E  P  E  E
M  P  I  P  J  M  E  X  O  W  É  T  É  S
V  N  L  N  D  W  R  P  W  I  Q  N  S  R
A  L  O  L  L  I  P  O  U  L  E  T  X  M
```

DÉJEUNER	MUSIQUE
CHAUD	ENFANTS
OIGNONS	GRIL
DÎNER	POIVRE
COUTEAUX	POULET
SALADES	SEL
FAMILLE	SAUCE
FRUIT	TOMATES
FAIM	ÉTÉ
JEUX	LÉGUMES

72 - Ropa

```
G L L H R R Z D Q B R M K Y
A Y W D K P A N T A L O N A N A
N J C O L L I E R O B D B M
T F R O C H E M I S I E R E
S S L S H G Z F F V P S A C
T A B L I E R I T L S H C E
V N C H A U S S U R E J E I
O D K H V R B C T M R Z L N
M A N T E A U I Q C C C E T
I L J K S M P Y J A M A T U
S E S K T F I S U O P E H R
O S L Z E E N S P U U X R E
C H A P E A U D E Q L X G X
V L W Q O H D F O U L A R D
```

MANTEAU   BIJOUX
CHEMISIER   MODE
FOULARD   PANTALON
CHEMISE   PYJAMA
VESTE   BRACELET
CEINTURE   SANDALES
COLLIER   CHAPEAU
TABLIER   PULL
JUPE   ROBE
GANTS   CHAUSSURE

73 - Meditación

```
R O A B S F P M I P E N V E
E E T H F S G A B R Y A A A
S W T I S L R O I Z E T G K
P H E E A Q A P N X Z U L D
I U N É M O T I O N S R N O
R P T T E L I E A B V E O W
A O I Y N T T W K C A L M E
T S O J T L U M F L H I U S
I T N U A I D P B A P B S P
O U E K L C E I E R H E I R
N R P E N S É E S T A K Q I
Z E S I L E N C E É H F U T
P E R S P E C T I V E W E L
G E N T I L L E S S E W X T
```

ATTENTION
GENTILLESSE
CALME
CLARTÉ
ÉMOTIONS
GRATITUDE
MENTAL
ESPRIT

MUSIQUE
NATURE
PAIX
PENSÉES
PERSPECTIVE
POSTURE
RESPIRATION
SILENCE

74 - Libros

```
P E R T I N E N T H H I A S
N O P O È M E W C U I N U V
A C É B A A B L O M S V T U
R M L S H A K L N O T E E M
R O I T I V H D T R O N U C
A É T R S E P U E I I T R O
T C T A T N K A X S R I B L
E R É G O T O L T T E F T L
U I R I R U E I E I P A G E
R T A Q I R S T O Q B Y A C
Y F I U Q E O É P U G U H T
Z Y R E U V W M R E E U V I
C H E F E K U D A I G M S O
L E C T E U R T Q N E B R N
```

AUTEUR
AVENTURE
COLLECTION
CONTEXTE
DUALITÉ
ÉCRIT
HISTOIRE
HISTORIQUE
HUMORISTIQUE
INVENTIF

LECTEUR
LITTÉRAIRE
NARRATEUR
ROMAN
PAGE
PERTINENT
POÈME
POÉSIE
SÉRIE
TRAGIQUE

75 - Nutrición

```
Q  P  P  L  U  K  D  O  S  A  U  C  E  P
N  U  T  R  I  T  I  F  É  A  I  S  V  R
G  A  A  J  S  S  S  G  Q  M  N  H  G  O
I  U  P  L  O  L  B  D  U  E  G  T  F  T
J  N  P  D  I  Z  H  A  I  R  V  T  É  É
V  S  É  I  X  T  C  C  L  R  Q  M  S  I
R  J  T  G  S  C  É  A  I  P  K  A  D  N
A  Y  I  E  W  T  R  L  B  N  O  H  F  E
X  C  T  S  T  O  É  O  R  S  H  I  Q  S
D  I  È  T  E  V  A  R  É  A  N  L  D  D
T  O  X  I  N  E  L  I  G  I  P  K  Y  S
A  U  N  O  U  B  E  E  Y  N  H  V  R  Q
E  G  R  N  J  D  S  S  A  V  E  U  R  W
X  G  L  U  C  I  D  E  S  K  D  V  Z  O
```

AMER
APPÉTIT
QUALITÉ
CALORIES
GLUCIDES
CÉRÉALES
DIÈTE
DIGESTION
ÉQUILIBRÉ

NUTRITIF
POIDS
PROTÉINES
SAVEUR
SAUCE
SANTÉ
SAIN
TOXINE

76 - Bondad

```
R K H A F F E C T U E U X T
E E L O W W A I S P Y Q B O
F S S G S R F I A B L E G L
H T G P L P E Y M D O U X É
O R É A E E I I I A L R U R
N É N T Q C A T C K N H T A
N C É I S L T Y A X H T I N
Ê E R E U Z T U L L M S L T
T P E N A O E R E F I Z E K
E T U T E M N H E U R E U X
Q I X M Q W T D X J X M R U
S F R T Z E I R P K W I W K
L W E O H N F B S P Q Z U U
C O M P A T I S S A N T B K
```

AFFECTUEUX   HONNÊTE
AMICAL   HOSPITALIER
AIMANT   PATIENT
ATTENTIF   RÉCEPTIF
COMPATISSANT   RESPECTUEUX
HEUREUX   DOUX
FIABLE   TOLÉRANT
GÉNÉREUX   UTILE

77 - Edificios

```
R R Z B O S G R A N G E X K
A M B A S S A D E Z I A V W
Y Z G R X J R M T É K A B C
R H Ô T E L Q U I S C W C H
H Ô S J H P R S D G C O U Â
D P C F B É O É T S T D L T
C I N É M A Â E U S I N E E
S T A D E L D T F E R M E A
A A M L A C J O R A U O I U
O L C V D V H U F E K F C W
S U P E R M A R C H É Y G W
A P P A R T E M E N T U X T
Z Y H L A B O R A T O I R E
C A B I N E G A R A G E J V
```

APPARTEMENT   GRANGE
CABINE   FERME
CHÂTEAU   HÔPITAL
CINÉMA   HÔTEL
AMBASSADE   LABORATOIRE
ÉCOLE   MUSÉE
STADE   SUPERMARCHÉ
USINE   THÉÂTRE
GARAGE   TOUR

78 - Océano

```
R F O P B C R A B E P K R E
H T H O N O M É D U S E A C
X E F U O R B C C S E L T R
I M M L D A U P H I N T O E
N P É P V I E F O C F C R V
Z Ê P E T L L W C I Z B T E
F T O I X A C A R C S E U T
T E N K K L N C E T N S E T
M C G P C G S G Q Z Z C O E
A T E O H U U S U P Y C S N
R A B A T E A U I I R B U Y
É J G B A L E I N E L N Q I
E H U Î T R E W I A C L R O
S P G W L R O A S D Y D E K
```

ALGUE	ÉPONGE
ANGUILLE	MARÉES
RÉCIF	MÉDUSE
THON	HUÎTRE
BALEINE	POISSON
BATEAU	POULPE
CREVETTE	SEL
CRABE	REQUIN
CORAIL	TEMPÊTE
DAUPHIN	TORTUE

79 - Ciudad

```
B É J W D G F B L G G D M B
A W C K A K D E Q A S L U I
N M I O T Y S Q R L Q W N B
Q A N M L Z O M W E M B I L
U R É Q J E G N Y R X F V I
E C M B Y C L I N I Q U E O
P H A R M A C I E E F C R T
B É M É T H É Â T R E X S H
F L E U R I S T E Z P O I È
G L O R Y O L L R J O D T Q
F N K M I P P X S O D O É U
M A G A S I N O H Ô T E L E
B O U L A N G E R I E R H R
M U S É E U P B S T A D E W
```

AÉROPORT	GALERIE
BANQUE	HÔTEL
BIBLIOTHÈQUE	MARCHÉ
CINÉMA	MUSÉE
CLINIQUE	BOULANGERIE
ÉCOLE	THÉÂTRE
STADE	MAGASIN
PHARMACIE	UNIVERSITÉ
FLEURISTE	ZOO

80 - Exploración

```
A C T I V I T É G V O Z G P
D É T E R M I N A T I O N É
Q K X E S P A C E C P C P R
C U D Y X I N C O N N U A I
A É Ê D É C O U V E R T E L
A P D T K R I L I E M F L L
N U P P E L Y T Z X M E A E
I I S R S O E U A Q K A N U
M S A V E I D R O T E Q G X
A E U O U N T E T L I E U X
U M V Y E T D S J N W O E W
X E A A X A D R N I J O N D
Y N G G Y I T W E B Q I Q T
S T E E I N T E R R A I N I
```

ACTIVITÉ
ÉPUISEMENT
ANIMAUX
APPRENDRE
QUÊTE
CULTURES
INCONNU
DÉCOUVERTE
DÉTERMINATION

LOINTAIN
EXCITATION
ESPACE
LANGUE
PÉRILLEUX
SAUVAGE
TERRAIN
VOYAGE

81 - Campeonato

```
S D I J C H Y G É J C W Z G
H T O U R N O I I Q S C W V
L G R E S P I R E R U G X L
L T R A N S P I R A T I O N
X I M O T I V A T I O N P W
Q V G J X É K N H I V S F E
L N T U N Q G I Q A U P I N
Y R Y G E E N I E M U O N D
R J U E Z N T F E C C R A U
P E R F O R M A N C E T L R
Y V B C H A M P I O N S I A
C H A M P I O N N A T S S N
E N T R A Î N E U R N C T C
M É D A I L L E J E U X E E
```

CHAMPIONNAT
CHAMPION
SPORTS
ENTRAÎNEUR
ÉQUIPE
STRATÉGIE
FINALISTE
JEUX
JUGE

LIGUE
MÉDAILLE
MOTIVATION
PERFORMANCE
ENDURANCE
RESPIRER
TOURNOI
TRANSPIRATION

82 - Actividades y Ocio

```
V P S B A S E B A L L H B J
O E L C C R Q M D X O K O V
Y I E A H J T I B A W M X T
A N Q M A B B O Y Z T J E J
G T R P T J A R D I N A G E
E U E I S F S F J K K T C O
N R L N S O K T G S H G O H
A E A G W O E P E F L O U K
G Z X Z I T T Ê L N A L R F
E G A B C B B C X O N F S S
R N N Q M A A H O C N I E U
Q D T B C L L E U Z F G S R
J A C T K L L M U T C P É F
R A N D O N N É E V M D B E
```

ART
BASKET-BALL
BASE-BALL
BOXE
PLONGÉE
CAMPING
COURSE
ACHATS
FOOTBALL
GOLF

JARDINAGE
NAGER
PÊCHE
PEINTURE
RELAXANT
RANDONNÉE
SURF
TENNIS
VOYAGE

83 - Comida #1

```
U K D V E O H X U O S A D C
N C A U I C G S E L R Z M A
Y I S F B A W J U X R G M N
P L W P B I N B F C F K E N
N C H S A L A D E O R Y N E
B A S I L I C L E I A E T L
Q R S D X C É A A G I M H L
S O U P E I P I B N S V E E
A T Y O X T I T M O E J U S
A T L I J R N H Z N A V E T
P E N R N O A O E V S K T Z
R B X E R N R N T K N Q O N
N V F H N Y D T V I R U Z C
V I C F A K V G Y V P W K G
```

AIL	FRAISE
BASILIC	JUS
THON	LAIT
SUCRE	CITRON
CANNELLE	MENTHE
VIANDE	NAVET
ORGE	POIRE
OIGNON	SEL
SALADE	SOUPE
ÉPINARD	CAROTTE

84 - Virtudes #1

```
M I P A S S I O N N É P C J
O I N E D P I L E Z S A G E
D M L T D É C I S I F T F H
E A Q W E X Y D D P P I B H
S G X A F L G É N É R E U X
T I I S F H L H M B O N S L
E N L C I C P I S B P T H O
D A S U C J U N G D R Ô L E
T T P R A T I Q U E E V J C
S I W I C U T I L E N I L H
U F X E E F I A B L E T X Y
H G B U A R T I S T I Q U E
V F V X C H A R M A N T Y R
N W I N D É P E N D A N T P
```

PASSIONNÉ	IMAGINATIF
ARTISTIQUE	INDÉPENDANT
BON	INTELLIGENT
CURIEUX	PROPRE
DÉCISIF	MODESTE
EFFICACE	PATIENT
CHARMANT	PRATIQUE
FIABLE	SAGE
GÉNÉREUX	UTILE
DRÔLE	

85 - Literatura

```
D  X  A  L  K  X  J  R  R  I  M  E  V  J
C  E  B  N  N  A  Y  O  Y  K  W  M  F  S
O  B  S  R  A  Q  C  M  T  F  Q  P  S  V
N  I  A  C  R  L  D  A  H  I  J  E  C  A
C  O  N  T  R  D  Y  N  M  C  S  T  O  N
L  G  A  R  A  I  X  S  E  T  H  È  M  E
U  R  L  A  T  A  P  S  E  I  V  F  P  C
S  A  O  G  E  L  H  T  B  O  V  P  A  D
I  P  G  É  U  O  O  Y  I  N  Z  O  R  O
O  H  I  D  R  G  D  L  V  O  G  È  A  T
N  I  E  I  A  U  T  E  U  R  N  M  I  E
Y  E  O  E  Z  E  D  Y  F  M  E  E  S  L
P  O  É  T  I  Q  U  E  C  J  M  P  O  L
M  É  T  A  P  H  O  R  E  O  H  K  N  R
```

ANALOGIE	FICTION
ANALYSE	MÉTAPHORE
ANECDOTE	NARRATEUR
AUTEUR	ROMAN
BIOGRAPHIE	POÈME
COMPARAISON	POÉTIQUE
CONCLUSION	RIME
DESCRIPTION	RYTHME
DIALOGUE	THÈME
STYLE	TRAGÉDIE

86 - Clima

```
A T M O S P H È R E S K G L
É C L A I R N D W B B L L I
H I H I H J U O U R A G A N
A E Q J H I A H Z I T B C I
S L A I O I G M P S E R E N
C É T O N N E R R E M O M O
V L C E Y Q I V W V P U O N
R M I H M V O E Y S É I U D
N L R M E P E N X W R L S A
H I M A A R Ê T I L A L S T
F Z X K A T E T B S T A O I
T O R N A D E S E C U R N O
T R O P I C A L S C R D C N
P O L A I R E K D E E X S N
```

ATMOSPHÈRE   POLAIRE
BRISE   ÉCLAIR
CIEL   SEC
CLIMAT   SÉCHERESSE
GLACE   TEMPÉRATURE
OURAGAN   TEMPÊTE
INONDATION   TORNADE
MOUSSON   TROPICAL
BROUILLARD   TONNERRE
NUAGE   VENT

87 - Comida #2

```
F  A  C  J  B  M  R  I  Z  A  J  J  T  C
T  R  H  J  K  B  A  N  A  N  E  L  V  Y
O  T  O  B  Y  A  I  N  M  T  O  U  J  O
U  I  C  M  P  M  S  B  A  L  C  E  F  I
R  C  O  P  A  T  I  S  N  Z  E  H  U  N
N  H  L  A  O  G  N  R  D  R  R  I  G  F
E  A  A  I  L  U  E  G  E  K  I  Z  I  T
S  U  T  N  C  É  L  E  R  I  S  F  N  U
O  T  U  D  B  F  Z  E  D  F  E  E  G  K
L  T  O  M  A  T  E  M  T  U  Q  J  E  B
A  U  B  E  R  G  I  N  E  B  L  É  M  G
K  J  Q  X  K  I  W  I  W  Z  H  G  B  F
K  U  W  X  K  C  E  P  Y  A  O  U  R  T
Y  S  H  F  W  N  U  P  O  M  M  E  E  V
```

ARTICHAUT	KIWI
AMANDE	POMME
CÉLERI	PAIN
RIZ	BANANE
AUBERGINE	POULET
CERISE	FROMAGE
CHOCOLAT	TOMATE
TOURNESOL	BLÉ
OEUF	RAISIN
GINGEMBRE	YAOURT

88 - Castillos

```
P R I N C E S S E L E D R F
G F P M X L H F T L G R C N
F M S Q L U H L P A L A I S
É C H E V A L I E R U G E F
O H N Z G H C C M V I O P O
D E O R Z V J O P V Q N K R
A V B T O U R R I S D J C T
L A L T J Y N N R Y Y A O E
G L E P S E A E E F N M U R
A S J U V V P U N T A X R E
É P É E D B F S M R S U O S
U E N A R M U R E E T Z N S
B O U C L I E R D U I S N E
U A C A T A P U L T E T E H
```

ARMURE	FORTERESSE
CHEVALIER	EMPIRE
CHEVAL	NOBLE
CATAPULTE	PALAIS
COURONNE	MUR
DYNASTIE	PRINCESSE
DRAGON	PRINCE
BOUCLIER	ROYAUME
ÉPÉE	TOUR
FÉODAL	LICORNE

89 - Arte

```
C  P  S  G  H  W  F  I  G  U  R  E  D  E
O  E  U  S  C  U  L  P  T  U  R  E  V  X
M  R  R  D  É  P  E  I  N  D  R  E  Q  P
P  S  R  O  R  I  G  I  N  A  L  O  O  R
O  O  É  T  S  C  F  S  Y  M  B  O  L  E
S  N  A  C  É  R  A  M  I  Q  U  E  V  S
I  N  L  W  V  É  E  J  R  M  M  Y  I  S
T  E  I  D  A  E  W  L  H  I  P  F  S  I
I  L  S  A  S  R  F  D  U  N  P  L  U  O
O  X  M  S  U  J  E  T  M  S  O  O  E  N
N  Y  E  C  M  K  B  R  E  P  É  R  L  K
H  O  N  N  Ê  T  E  Z  U  I  S  N  C  C
C  O  M  P  L  E  X  E  R  R  I  M  Q  F
P  E  I  N  T  U  R  E  S  É  E  J  A  T
```

CÉRAMIQUE
COMPLEXE
COMPOSITION
CRÉER
SCULPTURE
EXPRESSION
FIGURE
HONNÊTE
HUMEUR
INSPIRÉ

ORIGINAL
PERSONNEL
PEINTURES
POÉSIE
DÉPEINDRE
SIMPLE
SYMBOLE
SURRÉALISME
SUJET
VISUEL

90 - Herbostería

```
J  X  X  E  A  F  M  R  W  N  R  R  U  U
M  A  Q  K  B  L  U  Y  R  L  X  F  Q  S
E  G  R  Z  A  R  O  M  A  T  I  Q  U  E
N  Q  S  D  S  T  R  F  I  H  Z  X  A  M
T  K  A  I  I  X  O  R  L  V  X  S  L  A
H  F  V  K  L  N  M  B  A  E  M  A  I  R
E  E  E  N  I  V  A  C  V  R  U  F  T  J
P  S  U  N  C  T  R  B  A  T  S  R  É  O
L  T  R  B  O  E  I  K  N  K  K  A  P  L
A  R  Q  J  M  U  N  Y  D  F  W  N  E  A
N  A  N  E  T  H  I  J  E  C  J  R  R  I
T  G  Q  T  S  R  B  L  G  Y  L  H  S  N
E  O  I  N  G  R  É  D  I  E  N  T  I  E
K  N  C  U  L  I  N  A  I  R  E  A  L  T
```

AIL	INGRÉDIENT
BASILIC	JARDIN
AROMATIQUE	LAVANDE
SAFRAN	MARJOLAINE
QUALITÉ	MENTHE
CULINAIRE	PERSIL
ANETH	PLANTE
ESTRAGON	ROMARIN
FLEUR	SAVEUR
FENOUIL	VERT

91 - Verano

```
E V O Y A G E U X H X M F M
N N T L A K J X Z F A I J U
V A C A N C E S T Y X H E S
C L G C A M P I N G V Q U I
O F Y E S A N D A L E S X Q
H E W E R C W U P M M O J U
É T O I L E S V C L I Q S E
F A M I L L E W V J M S E R
W O Y O W P G P L O N G É E
B E P K W D X L O I S I R A
A O V M B C X R P E V K T K
R E L A X A T I O N S R R V
X P L A G E J A R D I N E P
M E R N O U R R I T U R E S
```

JOIE	MER
AMIS	MUSIQUE
PLONGÉE	NAGER
CAMPING	LOISIR
NOURRITURE	PLAGE
ÉTOILES	RELAXATION
FAMILLE	SANDALES
JARDIN	VACANCES
JEUX	VOYAGE
LIVRES	

92 - Insectos

```
S R P Y G F A G P R C Y Z E
C A P A U B B U V D O C X X
A I U P P Q E Ê E E C M I T
R Q C T B I I P R M C T L C
A J E C E E L E Z C I X T K
B N R G A R L L R M N J E B
É G O J M F E D O A E N R L
E H N C I G A L E N L S M R
F R P R C J V R L T L H I B
R F Z I X S S J D E E J T L
E S W Q L I B E L L U L E A
L M O U S T I Q U E Q Z C R
O F Q E F O U R M I Y O Q V
N F D T Y G P U C E M S F E
```

ABEILLE
GUÊPE
FRELON
PUCERON
CIGALE
CAFARD
SCARABÉE
VER
FOURMI
CRIQUET

LARVE
LIBELLULE
MANTE
PAPILLON
COCCINELLE
MOUSTIQUE
PUCE
SAUTERELLE
TERMITE

93 - Especias

```
X O C C P M C X A H M G L M
K X G A N I S Z I R U I Z E
T Z A N N S X W G Z S R J Q
J X J I I N A J R U C O V S
P O I V R E E V E O A F U U
G S A F R A N L E A D L K L
V V E Y É F C C L U E E X E
C A Q D G S N A M E R A I L
U N C O L F E N O U I L H A
M I O U I G I N G E M B R E
I L S X S G Q G C U R R Y S
N L P W S O N I E H J C G E
W E B M E G Q O G C A J O L
P A P R I K A Q N J V A E T
```

AIGRE	DOUX
AIL	FENOUIL
AMER	GINGEMBRE
ANIS	MUSCADE
SAFRAN	PAPRIKA
CANNELLE	POIVRE
OIGNON	RÉGLISSE
GIROFLE	SAVEUR
CUMIN	SEL
CURRY	VANILLE

94 - Emociones

```
S  U  R  P  R  I  S  E  N  N  U  I  D  Y
A  M  B  A  E  S  D  X  W  M  I  C  É  H
T  P  J  I  A  U  P  C  F  T  T  O  T  Y
I  E  N  X  E  A  R  I  A  N  D  L  E  G
S  T  M  Q  J  G  R  T  N  K  H  È  N  E
F  I  I  R  G  O  T  É  W  G  B  R  D  N
A  A  M  O  U  R  I  R  K  Y  M  E  U  T
I  Y  V  Q  I  M  Q  E  R  L  B  V  T  I
T  R  A  N  Q  U  I  L  L  I  T  É  K  L
C  O  N  T  E  N  U  I  U  Q  K  A  I  L
O  A  Q  B  B  B  Q  E  Y  K  H  N  W  E
Q  D  L  X  Z  B  X  F  H  T  L  E  L  S
D  W  C  M  S  Y  M  P  A  T  H  I  E  S
T  E  Q  T  E  N  D  R  E  S  S  E  H  E
```

ENNUI   PEUR
JOIE   PAIX
RELIEF   DÉTENDU
AMOUR   SATISFAIT
GENTILLESSE   SYMPATHIE
CALME   SURPRISE
CONTENU   TENDRESSE
EXCITÉ   TRANQUILLITÉ
COLÈRE

95 - Mediciones

```
S  G  P  R  R  L  M  I  S  U  L  V  L  O
Q  U  M  U  S  N  A  P  K  S  V  O  O  N
J  M  K  A  M  I  S  R  O  T  Z  L  N  C
K  È  I  V  N  U  S  M  G  U  U  U  G  E
E  T  L  I  T  R  E  M  V  E  C  M  U  H
P  R  O  F  O  N  D  E  U  R  U  E  E  A
O  E  M  P  N  R  É  S  G  D  O  R  U  U
I  C  È  C  N  F  C  Z  A  U  A  W  R  T
D  Z  T  G  E  R  I  E  Z  Y  C  K  E  E
S  O  R  E  K  G  M  I  N  U  T  E  J  U
N  N  E  V  T  E  A  P  P  S  O  T  T  R
S  H  N  E  K  I  L  O  G  R  A  M  M  E
C  E  N  T  I  M  È  T  R  E  X  T  P  I
G  R  A  M  M  E  K  D  E  G  R  É  Q  V
```

HAUTEUR
LARGEUR
OCTET
CENTIMÈTRE
DÉCIMAL
DEGRÉ
GRAMME
KILOGRAMME
KILOMÈTRE
LITRE

LONGUEUR
MASSE
MÈTRE
MINUTE
ONCE
POIDS
PROFONDEUR
POUCE
TONNE
VOLUME

96 - Barcos

```
K A Y A K V O I L I E R L D
V N P B Z G C O R D E D D M
D C M E R I É F L E U V E Q
F R I C M L A C M N E R X N
B E J T A Y N M B A U K M H
M A R I T I M E O U Q N A C
A V L R R K Â H U T J É R A
R J Y H Y Z T Z É I E Q I N
É R A D E A U Y E Q C U N O
E B C Y M K F Y Z U B I R Ë
S J H E Q C A C P E T P O T
Z F T Z T U Y H V U Y A N B
P H Z P L X X R M F H G S F
A I I D V O X U J Q K E I N
```

ANCRE	MARIN
RADEAU	MARITIME
BOUÉE	MÂT
CANOË	MOTEUR
CORDE	NAUTIQUE
FERRY	OCÉAN
KAYAK	FLEUVE
LAC	ÉQUIPAGE
MER	VOILIER
MARÉE	YACHT

97 - Antártida

```
C W T M G É O G R A P H I E
O C H E R C H E U R V L Z R
N C O B M G L A C I E R S J
S O C A I P Î L E S O M K D
E N Q I N I É H G N R Q J Q
R T O E É N F R L K U D C C
V I I G R G O O A X M A Q F
A N S P A O I C C T C S G I
T E E A U U N H E W U Q C E
I N A H X I F E Q J T R F Q
O T U R Z N T U X K U W E T
N M X T E S C X H Y P N F K
P E E X P É D I T I O N C K
M I G R A T I O N H B O W V
```

EAU
BAIE
CONSERVATION
CONTINENT
EXPÉDITION
GÉOGRAPHIE
GLACIERS
GLACE
CHERCHEUR

ÎLES
MIGRATION
MINÉRAUX
NUAGE
OISEAUX
PINGOUINS
ROCHEUX
TEMPÉRATURE

98 - Piratas

```
C A R T E O O T B N A É P U
I A M X U V C C O R O P P T
C S P E R R O Q U E T É L G
A S P I È C E S S V X E A P
T F Q L T N B R S O M V G F
R R A E D A G R O T T E E G
I O I T N E I H L D D Q V D
C T R É S O R N E H J N P R
E L É G E N D E E A Q S H A
H E M A U V A I S I Q A Y P
A V E N T U R E R A N C R E
D A N G E R M H A H A A L A
C Q K Î L E N I X A U Y I U
É Q U I P A G E F O C M V B
```

ANCRE	PERROQUET
AVENTURE	MAUVAIS
DRAPEAU	CARTE
BOUSSOLE	PIÈCES
CAPITAINE	OR
CICATRICE	DANGER
GROTTE	PLAGE
ÉPÉE	RHUM
ÎLE	TRÉSOR
LÉGENDE	ÉQUIPAGE

99 - Mamíferos

```
T  L  U  Q  G  I  M  Q  R  S  O  H  L  M
R  A  V  G  I  R  A  F  E  R  F  Q  S  O
E  W  U  O  K  N  M  N  U  Â  X  F  M  U
N  K  S  R  G  C  H  I  E  N  X  L  U  T
A  A  X  I  E  H  É  C  H  E  V  A  L  O
R  N  O  L  P  A  K  L  V  T  K  Z  A  N
D  G  J  L  W  M  U  I  É  N  H  C  P  L
K  O  O  E  E  E  M  Z  B  P  C  J  I  C
B  U  N  H  A  A  D  A  U  P  H  I  N  O
Z  R  K  U  O  U  R  S  G  T  A  A  S  Y
È  O  P  Z  T  S  S  Q  I  G  T  L  N  O
B  U  B  A  L  E  I  N  E  N  J  Y  A  T
R  L  O  U  P  D  G  L  A  R  G  S  V  E
E  B  I  E  W  K  D  F  W  W  J  E  V  Y
```

BALEINE	CHAT
ÂNE	GORILLE
CHEVAL	GIRAFE
CHAMEAU	LOUP
KANGOUROU	SINGE
ZÈBRE	OURS
LAPIN	MOUTON
COYOTE	CHIEN
DAUPHIN	TAUREAU
ÉLÉPHANT	RENARD

100 - Abejas

```
B S O L E I L W A P C N D U
N É F U N C T P O L L E N O
O T N E S S A I M A L J N V
U C R É L V N X N N I A Z P
R S J U F P R M R T F R W R
R F Y F C I R E H E E D M G
I J Y L Y H Q N E S M I E L
T F L E U R E U T I R N K K
U U K U P T E Q E R E I N E
R M L R D I V E R S I T É U
E É S S É C O S Y S T È M E
R E V F R U I T I T F O B V
P O L L I N I S A T E U R O
I N S E C T E A I L E S I P
```

AILES	FRUIT
BÉNÉFIQUE	FUMÉE
CIRE	INSECTE
RUCHE	JARDIN
NOURRITURE	MIEL
DIVERSITÉ	PLANTES
ÉCOSYSTÈME	POLLEN
ESSAIM	POLLINISATEUR
FLEUR	REINE
FLEURS	SOLEIL

1 - Ajedrez

CHAMPION · ADVERSAIRE · SACRIFICE · RÈGLES · REINE · DIAGONAL · TEMPS · TOURNOI · INTELLIGENT · APPRENDRE · CONCOURS · STRATÉGIE

2 - Agua

IRRIGATION · HUMIDITÉ · POTABLE · GEL · ÉVAPORATION · VAGUES · NEIGE · DOUCHE · MOUSSON

3 - Granja #2

IRRIGATION · BERGÈ · VERGER · MOUTON · AGRICULTEUR · RUCHE · LAMA · ORGE · CANARD · NOURRITURE

4 - Mueble

MATELAS · BANC · BUREAU · TAPIS · ARMOIRE · FAUTEUIL · CANAPÉ · CHAISE

5 - Pesca

SAISON · PATIENCE · MÂCHOIRE · CUIRE · PLAGE · POIDS · BATEAU · BRANCHIES · ÉQUIPEMENT · CROCHET · EXAGÉRATION

6 - Aviones

HYDROGÈNE · ATMOSPHÈRE · MOTEUR · BALLON · PASSAGER · ÉQUIPAGE · HÉLICES · DESIGN · PILOTE · HAUTEUR · DIRECTION

7 - Tipos de Cabello

FRISÉ · LONG · SEC · GRIS · TRESSE · BOUCLES · ONDULÉ · COURT · CHAUVE · ARGENT · NOIR · MARRON

8 - Ciencia Ficción

PLANÈTE · MONDE · UTOPIE · ATOMIQUE · ROBOTS · CINÉMA · ORACLE · GALAXIE · ILLUSION · LIVRES

9 - Juguetes

TRAIN · VOITURE · POUPÉE · BALLE · LIVRES · TAMBOURS · IMAGINATION · ARGILE

10 - Circo

ACROBATE · SINGE · MAGIE · BALLON · COSTUME · MUSIQUE

11 - Rellenar

BOÎTE · VALISE · PANIER · TIROIR · BAIGNOIRE · DOSSIER

12 - Granja #1

FOIN · CHIEN · POULET · CHÈVRE · CLÔTURE · CHAMP · GRAINES

13 - Camping

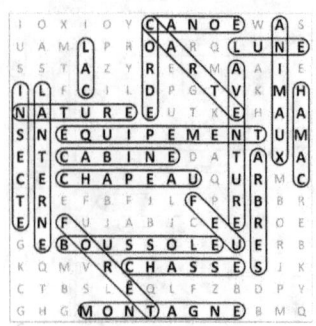

14 - Fruta

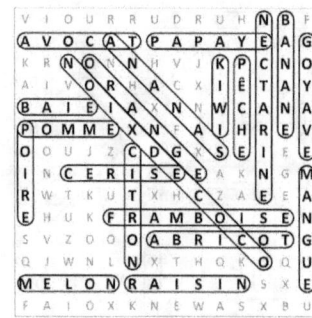

15 - Geología

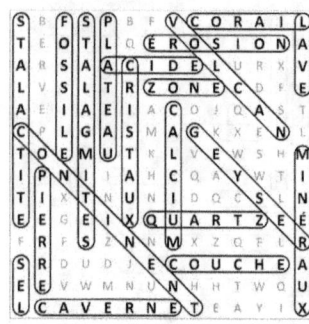

16 - Plantas

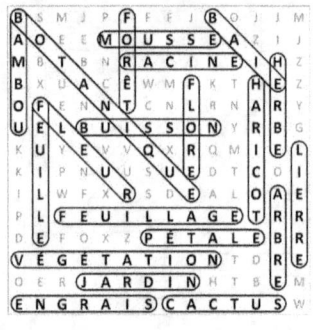

17 - Suministros de Arte

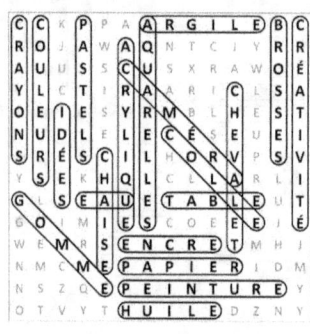

18 - Jardín

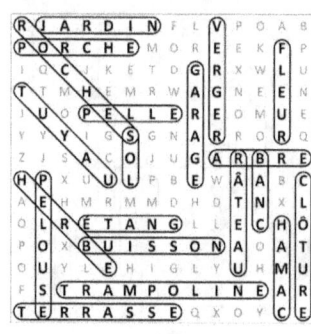

19 - Países #2

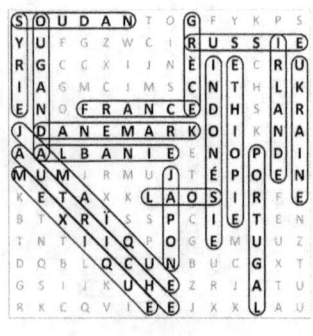

20 - Tecnología

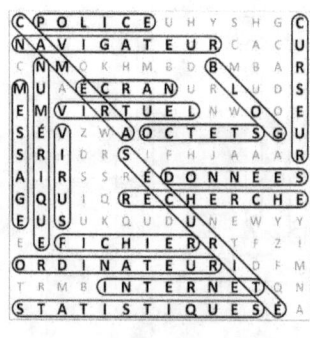

21 - Números

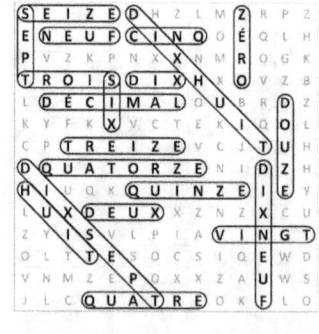

22 - Mitología

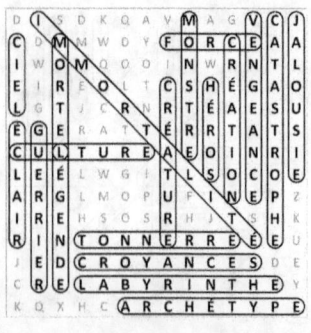

23 - Ecología

24 - Herramientas

25 - Casa

CUISINE, LAMPE, DOUCHE, SOL, TOIT, CHAMBRE, BALAI, ROBINET, CLÔTURE, FENÊTRE

26 - Artes Visuales

CRÉP, CIRE, CÉRAMIQUE, VERNIS, PEINTURE, STYLO, PORTRAIT, ARTISTE, SCULPTURE

27 - Escuela #2

PAPIER, ORDINATEUR, ÉDUCATION, BIBLIOTHÈQUE, SAC À DOS, SCIENCE

28 - Selva Tropical

MAMMIFÈRES, INDIGÈNE, AMPHIBIENS, SURVIE, ESPÈCE, INSECTES, COMMUNAUTÉ, REFUGE, RESPECT, JUNGLE, OISEAUX, CLIMAT, PRÉSERVATION

29 - Colores

BLEU, MAGENTA, NOIR, FUCHSIA, ROSE, BEIGE, VERT, CRAMOISI, MARRONS, BLANC, INDIGO

30 - Adjetivos #1

BRILLANT, INNOCENT, GRAVE, ÉNORME, PRÉCIEUX, FONCÉ, PARFAIT, IMPORTANT

31 - Familia

ENFANCE, NIÈCE, ONCLE, GRANDMÈRE, ENFANTS, MÈRE, SOEUR, TANTE, GENDRE, PÈRE

32 - Disciplinas Científicas

BIOCHIMIE, ÉCOLOGIE, MÉTÉOROLOGIE, GÉOLOGIE, NEUROLOGIE, ASTRONOMIE, ARCHÉOLOGIE, PSYCHOLOGIE, BIOLOGIE

33 - Gatos

INDÉPENDANT, PEU, CURIEUX, CHASSEUR, TIMIDE, PERSONNALITÉ

34 - Cocina

ÉTABLIER, RECETTE, CONGÉLATEUR, NOURRITURE, CUILLÈRES, GRIL, SERVIETTE, COUTEAUX, TASSE

35 - Escuela #1

DES STYLOS, LIVRES, RÉPONSES, DOSSIERS, AMUSEMENT, RENSEIGNANT, CHAISE, EXAMENS, BUREAU, NOMBRES, PAPIER, MARQUEUR

36 - Adjetivos #2

ÉPICE, CÉLÈBRE, CRÉATIF, SAIN, NATUREL, DESCRIPTIF, PRODUCTIF, COMESTIBLE, FRAIS, SALE, NOUVEAU, FATIGUE

37 - Cuerpo Humano

38 - Ciencia

39 - Dinosaurios

40 - Restaurante #2

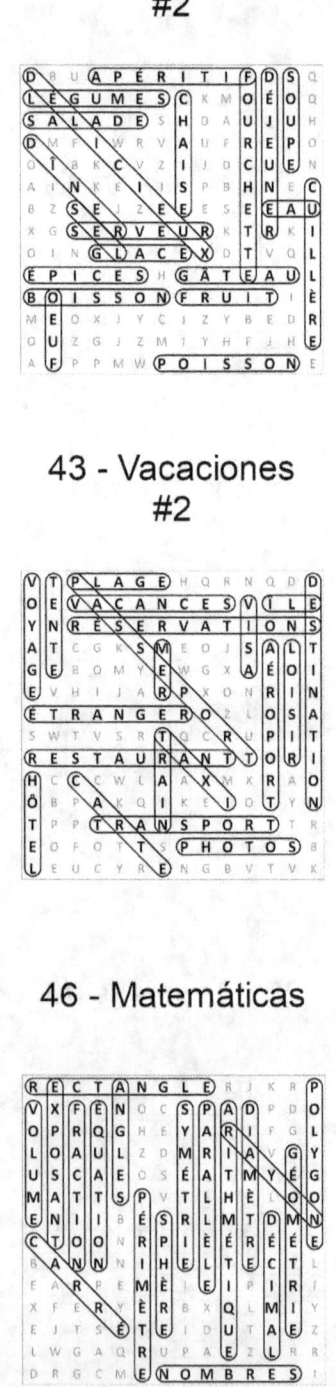

41 - Profesiones #1

42 - Vehículos

43 - Vacaciones #2

44 - Cumpleaños

45 - Baile

46 - Matemáticas

47 - Restaurante #1

48 - Profesiones #2

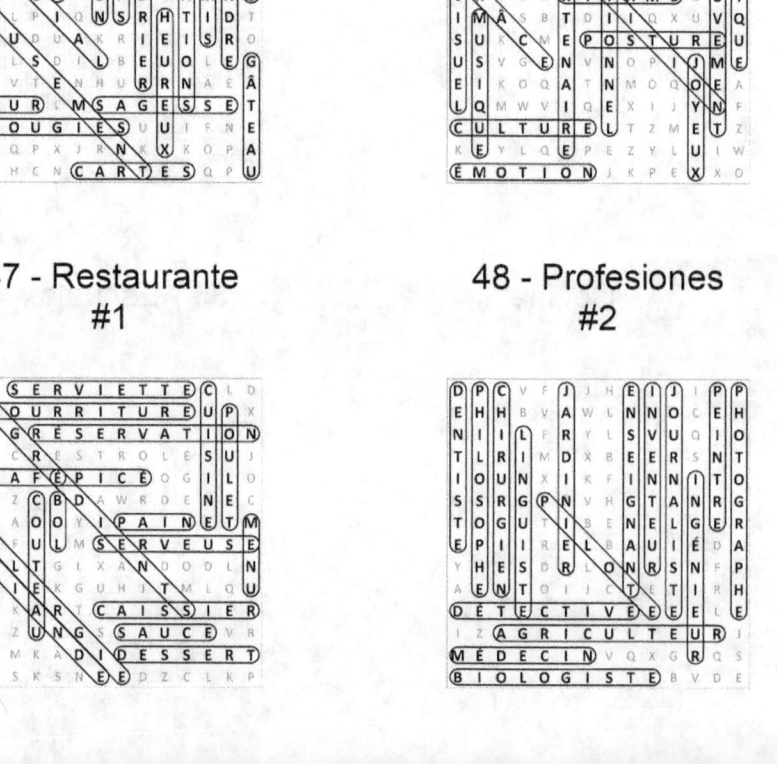

49 - Senderismo

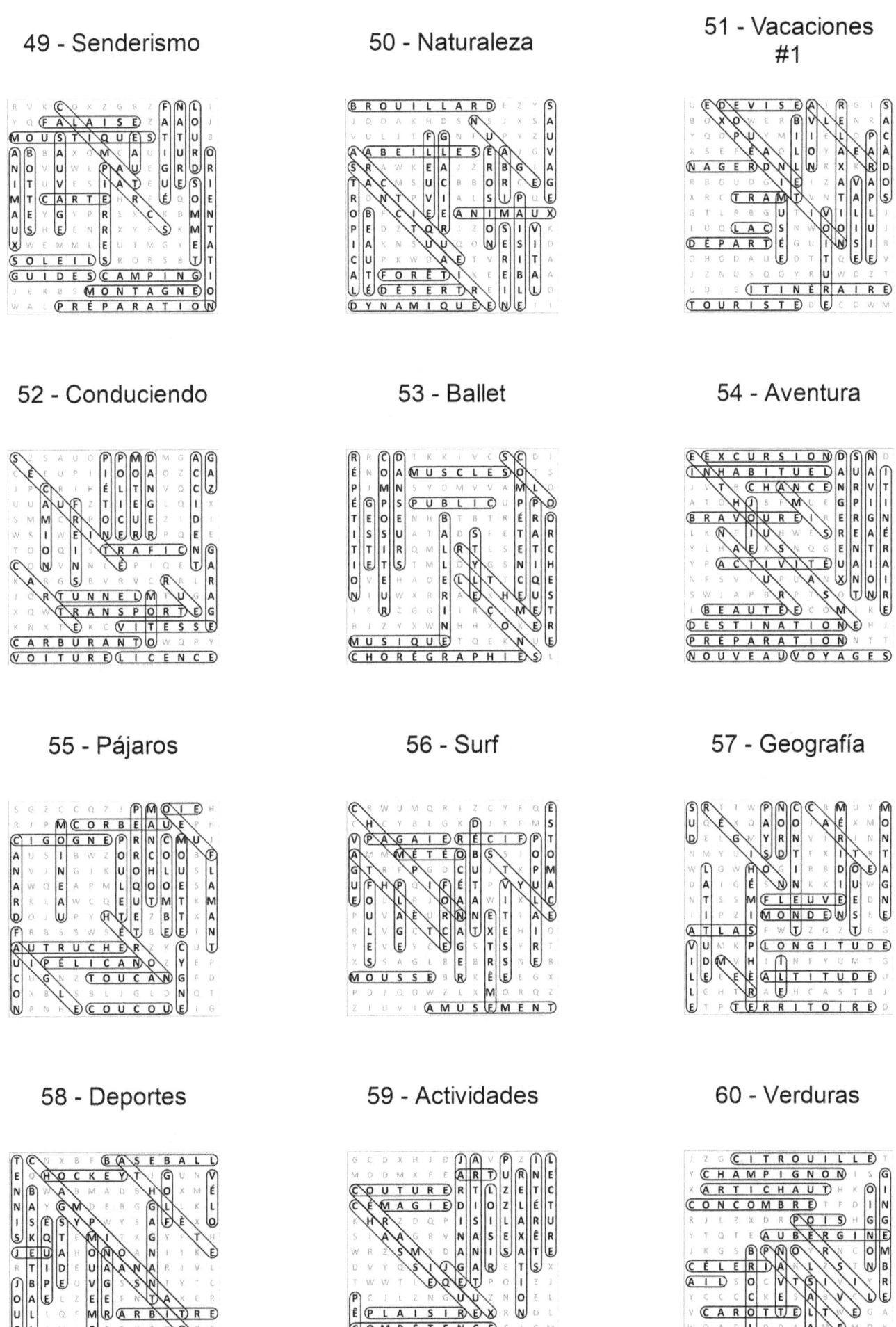

50 - Naturaleza

51 - Vacaciones #1

52 - Conduciendo

53 - Ballet

54 - Aventura

55 - Pájaros

56 - Surf

57 - Geografía

58 - Deportes

59 - Actividades

60 - Verduras

61 - Instrumentos Musicales

62 - Escalada

63 - Mascotas

64 - Formas

65 - Flores

66 - Astronomía

67 - Tiempo

68 - Paisajes

69 - Días y Meses

70 - Chocolate

71 - Barbacoas

72 - Ropa

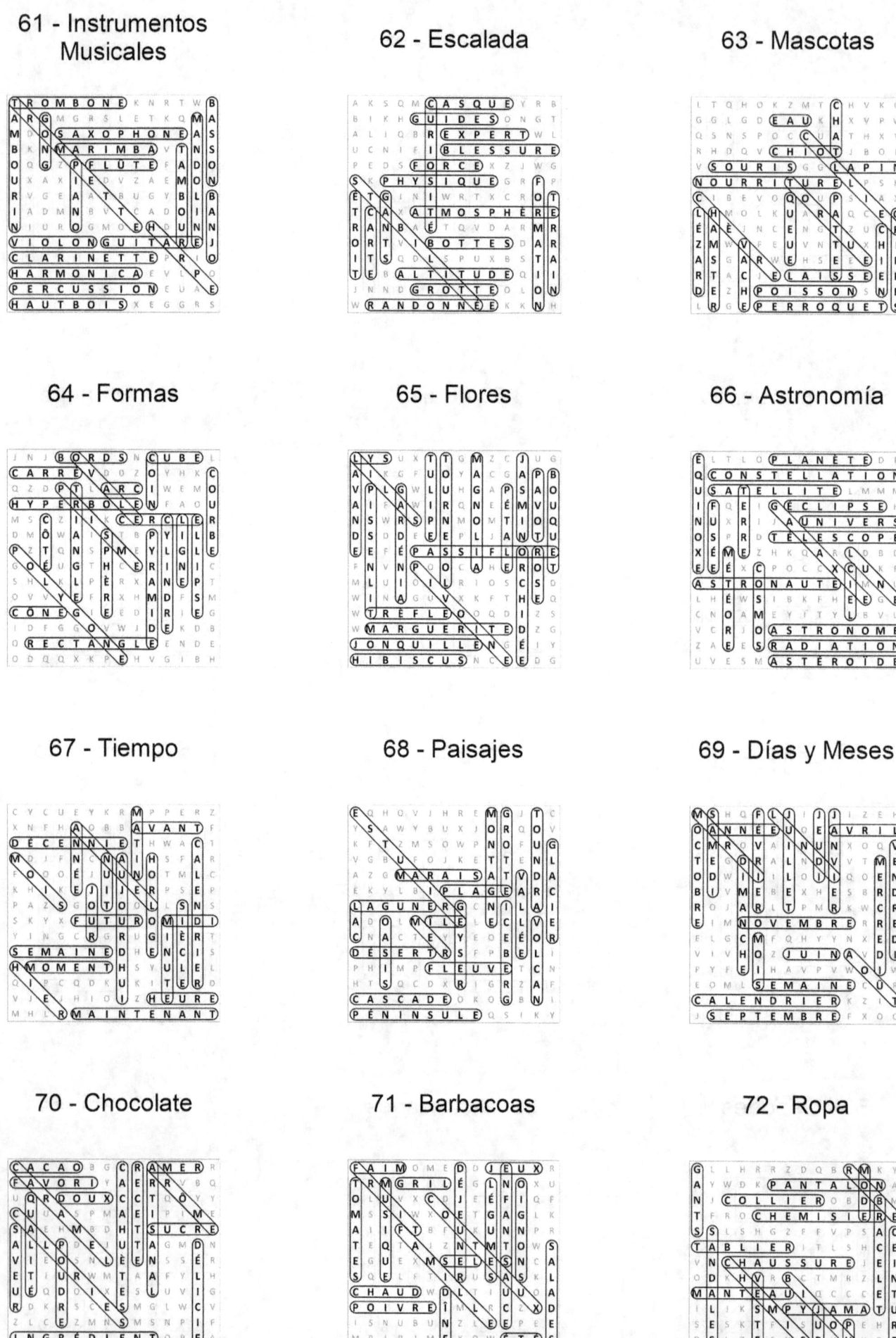

73 - Meditación

74 - Libros

75 - Nutrición

76 - Bondad

77 - Edificios

78 - Océano

79 - Ciudad

80 - Exploración

81 - Campeonato

82 - Actividades y Ocio

83 - Comida #1

84 - Virtudes #1

85 - Literatura

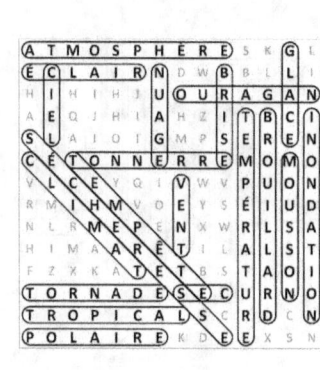

86 - Clima

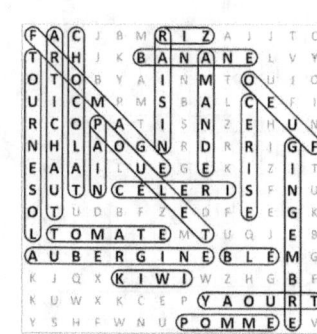

87 - Comida #2

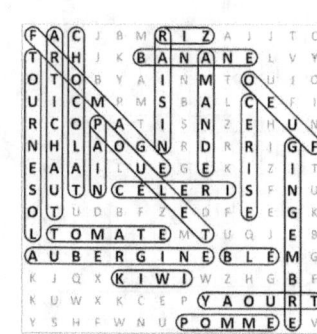

88 - Castillos

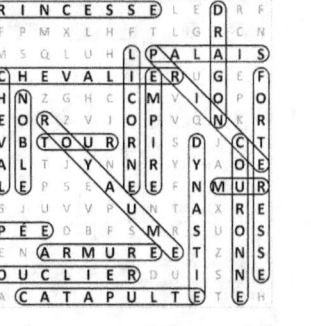

89 - Arte

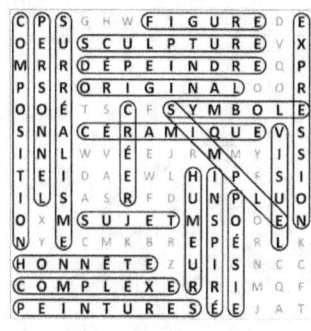

90 - Herboristería

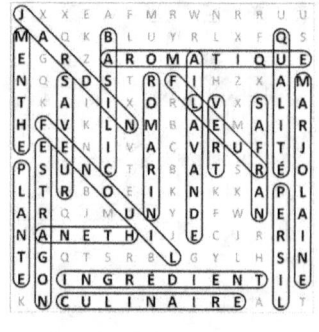

91 - Verano

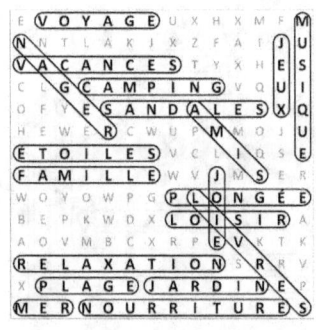

92 - Insectos

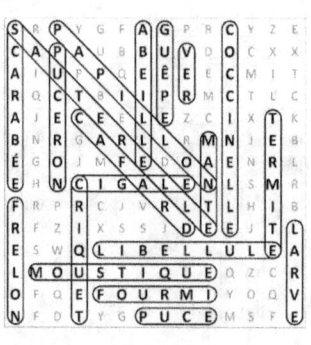

93 - Especias

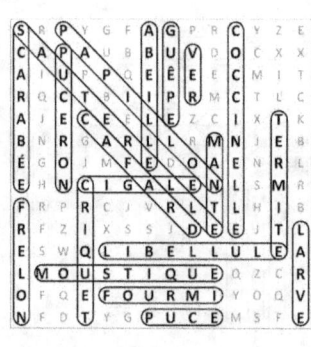

94 - Emociones

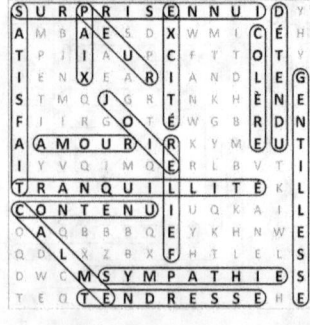

95 - Mediciones

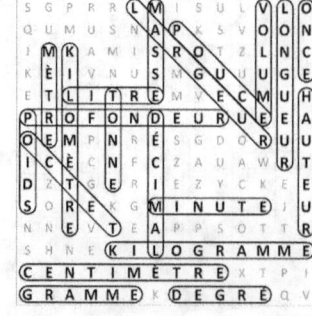

96 - Barcos

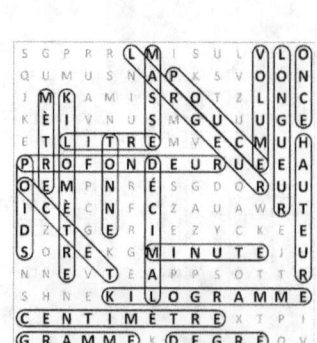

97 - Antártida

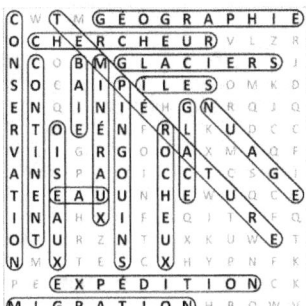

98 - Piratas

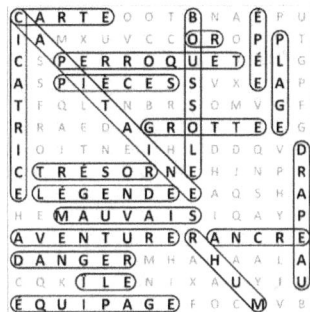

99 - Mamíferos

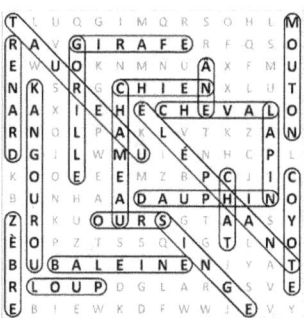

100 - Abejas

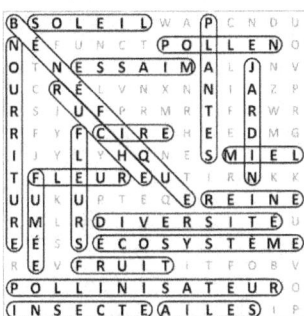

Diccionario

Abejas
Les Abeilles

Alas	Ailes
Beneficioso	Bénéfique
Cera	Cire
Colmena	Ruche
Comida	Nourriture
Diversidad	Diversité
Ecosistema	Écosystème
Enjambre	Essaim
Flor	Fleur
Flores	Fleurs
Fruta	Fruit
Humo	Fumée
Insecto	Insecte
Jardín	Jardin
Miel	Miel
Plantas	Plantes
Polen	Pollen
Polinizador	Pollinisateur
Reina	Reine
Sol	Soleil

Actividades
Activités

Actividad	Activité
Arte	Art
Artesanía	Artisanat
Caza	Chasse
Cerámica	Céramique
Costura	Couture
Fotografía	Photographie
Habilidad	Compétence
Intereses	Intérêts
Jardinería	Jardinage
Juegos	Jeux
Lectura	Lecture
Magia	Magie
Ocio	Loisir
Pesca	Pêche
Pintura	Peinture
Placer	Plaisir
Relajación	Relaxation
Rompecabezas	Puzzles
Senderismo	Randonnée

Actividades y Ocio
Activités et Loisirs

Arte	Art
Baloncesto	Basket-Ball
Béisbol	Base-Ball
Boxeo	Boxe
Buceo	Plongée
Camping	Camping
Carreras	Course
Compras	Achats
Fútbol	Football
Golf	Golf
Jardinería	Jardinage
Natación	Nager
Pesca	Pêche
Pintura	Peinture
Relajante	Relaxant
Senderismo	Randonnée
Surf	Surf
Tenis	Tennis
Viaje	Voyage
Voleibol	Volley-Ball

Adjetivos #1
Adjectifs #1

Absoluto	Absolu
Activo	Actif
Ambicioso	Ambitieux
Aromático	Aromatique
Atractivo	Attractif
Brillante	Brillant
Enorme	Énorme
Generoso	Généreux
Grande	Grand
Honesto	Honnête
Importante	Important
Inocente	Innocent
Joven	Jeune
Lento	Lent
Moderno	Moderne
Oscuro	Foncé
Perfecto	Parfait
Pesado	Lourd
Serio	Grave
Valioso	Précieux

Adjetivos #2
Adjectifs #2

Cansado	Fatigué
Comestible	Comestible
Creativo	Créatif
Descriptivo	Descriptif
Dramático	Dramatique
Elegante	Élégant
Famoso	Célèbre
Fresco	Frais
Fuerte	Fort
Interesante	Intéressant
Natural	Naturel
Normal	Normal
Nuevo	Nouveau
Orgulloso	Fier
Picante	Épicé
Productivo	Productif
Responsable	Responsable
Salado	Salé
Saludable	Sain
Seco	Sec

Agua
Eau

Canal	Canal
Ducha	Douche
Evaporación	Évaporation
Géiser	Geyser
Helada	Gel
Hielo	Glace
Humedad	Humidité
Huracán	Ouragan
Húmedo	Humide
Inundación	Inondation
Lago	Lac
Lluvia	Pluie
Monzón	Mousson
Nieve	Neige
Océano	Océan
Olas	Vagues
Potable	Potable
Riego	Irrigation
Río	Fleuve
Vapor	Vapeur

Ajedrez
Échecs

Aprender	Apprendre
Blanco	Blanc
Campeón	Champion
Concurso	Concours
Diagonal	Diagonal
Estrategia	Stratégie
Inteligente	Intelligent
Juego	Jeu
Jugador	Joueur
Negro	Noir
Oponente	Adversaire
Pasivo	Passif
Puntos	Points
Reglas	Règles
Reina	Reine
Rey	Roi
Sacrificio	Sacrifice
Tiempo	Temps
Torneo	Tournoi

Antártida
Antarctique

Agua	Eau
Bahía	Baie
Científico	Scientifique
Conservación	Conservation
Continente	Continent
Expedición	Expédition
Geografía	Géographie
Glaciares	Glaciers
Hielo	Glace
Investigador	Chercheur
Islas	Îles
Migración	Migration
Minerales	Minéraux
Nubes	Nuage
Pájaros	Oiseaux
Península	Péninsule
Pingüinos	Pingouins
Rocoso	Rocheux
Temperatura	Température
Topografía	Topographie

Arte
Art

Cerámica	Céramique
Complejo	Complexe
Composición	Composition
Crear	Créer
Escultura	Sculpture
Expresión	Expression
Figura	Figure
Honesto	Honnête
Humor	Humeur
Inspirado	Inspiré
Original	Original
Personal	Personnel
Pinturas	Peintures
Poesía	Poésie
Retratar	Dépeindre
Sencillo	Simple
Símbolo	Symbole
Surrealismo	Surréalisme
Tema	Sujet
Visual	Visuel

Artes Visuales
Arts Visuels

Arcilla	Argile
Arquitectura	Architecture
Artista	Artiste
Barniz	Vernis
Caballete	Chevalet
Cera	Cire
Cerámica	Céramique
Composición	Composition
Creatividad	Créativité
Escultura	Sculpture
Fotografía	Photographie
Lápiz	Crayon
Obra Maestra	Chef-D'Œuvre
Película	Film
Perspectiva	Perspective
Pintura	Peinture
Plantilla	Pochoir
Pluma	Stylo
Retrato	Portrait
Tiza	Craie

Astronomía
Astronomie

Asteroide	Astéroïde
Astronauta	Astronaute
Astrónomo	Astronome
Cielo	Ciel
Cohete	Fusée
Constelación	Constellation
Cosmos	Cosmos
Eclipse	Éclipse
Equinoccio	Équinoxe
Galaxia	Galaxie
Luna	Lune
Meteoro	Météore
Observatorio	Observatoire
Planeta	Planète
Radiación	Radiation
Satélite	Satellite
Supernova	Supernova
Telescopio	Télescope
Tierra	Terre
Universo	Univers

Aventura
Aventure

Actividad	Activité
Alegría	Joie
Amigos	Amis
Belleza	Beauté
Destino	Destination
Dificultad	Difficulté
Entusiasmo	Enthousiasme
Excursión	Excursion
Inusual	Inhabituel
Itinerario	Itinéraire
Naturaleza	Nature
Navegación	Navigation
Nuevo	Nouveau
Oportunidad	Chance
Peligroso	Dangereux
Preparación	Préparation
Seguridad	Sécurité
Sorprendente	Surprenant
Valentía	Bravoure
Viajes	Voyages

Aviones
Avions

Aire	Air
Altitud	Altitude
Altura	Hauteur
Aterrizaje	Atterrissage
Atmósfera	Atmosphère
Aventura	Aventure
Cielo	Ciel
Combustible	Carburant
Construcción	Construction
Dirección	Direction
Diseño	Design
Globo	Ballon
Hélices	Hélices
Hidrógeno	Hydrogène
Historia	Histoire
Motor	Moteur
Pasajero	Passager
Piloto	Pilote
Tripulación	Équipage
Turbulencia	Turbulence

Baile
Danse

Academia	Académie
Alegre	Joyeux
Arte	Art
Clásico	Classique
Coreografía	Chorégraphie
Cuerpo	Corps
Cultura	Culture
Cultural	Culturel
Emoción	Émotion
Ensayo	Répétition
Expresivo	Expressif
Gracia	Grâce
Movimiento	Mouvement
Música	Musique
Postura	Posture
Ritmo	Rythme
Saltar	Saut
Socio	Partenaire
Tradicional	Traditionnel
Visual	Visuel

Ballet
Ballet

Artístico	Artistique
Audiencia	Public
Bailarina	Ballerine
Bailarines	Danseurs
Compositor	Compositeur
Coreografía	Chorégraphie
Ensayo	Répétition
Estilo	Style
Expresivo	Expressif
Gesto	Geste
Habilidad	Compétence
Intensidad	Intensité
Lecciones	Leçons
Músculos	Muscles
Música	Musique
Orquesta	Orchestre
Práctica	Pratique
Ritmo	Rythme
Solo	Solo
Técnica	Technique

Barbacoas
Barbecues

Almuerzo	Déjeuner
Caliente	Chaud
Cebollas	Oignons
Cena	Dîner
Cuchillos	Couteaux
Ensaladas	Salades
Familia	Famille
Fruta	Fruit
Hambre	Faim
Juegos	Jeux
Música	Musique
Niños	Enfants
Parrilla	Gril
Pimienta	Poivre
Pollo	Poulet
Sal	Sel
Salsa	Sauce
Tomates	Tomates
Verano	Été
Verduras	Légumes

Barcos
Bateaux

Ancla	Ancre
Balsa	Radeau
Boya	Bouée
Canoa	Canoë
Cuerda	Corde
Ferry	Ferry
Kayak	Kayak
Lago	Lac
Mar	Mer
Marea	Marée
Marinero	Marin
Marítimo	Maritime
Mástil	Mât
Motor	Moteur
Náutico	Nautique
Océano	Océan
Río	Fleuve
Tripulación	Équipage
Velero	Voilier
Yate	Yacht

Bondad
Gentillesse

Afectuoso	Affectueux
Amistoso	Amical
Amoroso	Aimant
Atento	Attentif
Compasivo	Compatissant
Comprensión	Compréhension
Feliz	Heureux
Fiable	Fiable
Generoso	Généreux
Genuino	Authentique
Honesto	Honnête
Hospitalario	Hospitalier
Paciente	Patient
Receptivo	Réceptif
Respetuoso	Respectueux
Suave	Doux
Tolerante	Tolérant
Útil	Utile

Campeonato
Championnat

Campeonato	Championnat
Campeón	Champion
Deportes	Sports
Entrenador	Entraîneur
Equipo	Équipe
Estrategia	Stratégie
Finalista	Finaliste
Juegos	Jeux
Juez	Juge
Liga	Ligue
Medalla	Médaille
Motivación	Motivation
Rendimiento	Performance
Resistencia	Endurance
Respirar	Respirer
Torneo	Tournoi
Transpiración	Transpiration
Victoria	Victoire

Camping
Camping

Animales	Animaux
Aventura	Aventure
Árboles	Arbres
Bosque	Forêt
Brújula	Boussole
Cabina	Cabine
Canoa	Canoë
Caza	Chasse
Cuerda	Corde
Equipo	Équipement
Fuego	Feu
Hamaca	Hamac
Insecto	Insecte
Lago	Lac
Linterna	Lanterne
Luna	Lune
Mapa	Carte
Montaña	Montagne
Naturaleza	Nature
Sombrero	Chapeau

Casa
Maison

Alfombra	Tapis
Ático	Grenier
Biblioteca	Bibliothèque
Chimenea	Cheminée
Cocina	Cuisine
Ducha	Douche
Escoba	Balai
Espejo	Miroir
Garaje	Garage
Grifo	Robinet
Habitación	Chambre
Jardín	Jardin
Lámpara	Lampe
Pared	Mur
Piso	Sol
Puerta	Porte
Sótano	Sous-Sol
Techo	Toit
Valla	Clôture
Ventana	Fenêtre

Castillos
Châteaux

Armadura	Armure
Caballero	Chevalier
Caballo	Cheval
Catapulta	Catapulte
Corona	Couronne
Dinastía	Dynastie
Dragón	Dragon
Escudo	Bouclier
Espada	Épée
Feudal	Féodal
Fortaleza	Forteresse
Imperio	Empire
Noble	Noble
Palacio	Palais
Pared	Mur
Princesa	Princesse
Príncipe	Prince
Reino	Royaume
Torre	Tour
Unicornio	Licorne

Chocolate
Chocolat

Amargo	Amer
Antioxidante	Antioxydant
Aroma	Arôme
Artesanal	Artisanal
Azúcar	Sucre
Cacahuetes	Cacahuètes
Cacao	Cacao
Calidad	Qualité
Calorías	Calories
Caramelo	Caramel
Coco	Noix de Coco
Delicioso	Délicieux
Dulce	Doux
Exótico	Exotique
Favorito	Favori
Gusto	Goût
Ingrediente	Ingrédient
Polvo	Poudre
Receta	Recette
Sabor	Saveur

Ciencia
Science

Átomo	Atome
Científico	Scientifique
Clima	Climat
Datos	Données
Evolución	Évolution
Experimento	Expérience
Física	Physique
Fósil	Fossile
Gravedad	Gravité
Hecho	Fait
Hipótesis	Hypothèse
Laboratorio	Laboratoire
Método	Méthode
Minerales	Minéraux
Moléculas	Molécules
Naturaleza	Nature
Organismo	Organisme
Partículas	Particules
Plantas	Plantes
Químico	Chimique

Ciencia Ficción
Science-Fiction

Atómico	Atomique
Cine	Cinéma
Distante	Lointain
Explosión	Explosion
Extremo	Extrême
Fantástico	Fantastique
Fuego	Feu
Futurista	Futuriste
Galaxia	Galaxie
Ilusión	Illusion
Imaginario	Imaginaire
Libros	Livres
Misterioso	Mystérieux
Mundo	Monde
Oráculo	Oracle
Planeta	Planète
Realista	Réaliste
Robots	Robots
Tecnología	Technologie
Utopía	Utopie

Circo
Cirque

Acróbata	Acrobate
Animales	Animaux
Caramelo	Bonbon
Carpa	Tente
Desfile	Parade
Elefante	Éléphant
Entretener	Divertir
Espectador	Spectateur
Globos	Ballons
León	Lion
Magia	Magie
Mago	Magicien
Malabarista	Jongleur
Mono	Singe
Mostrar	Montrer
Música	Musique
Payaso	Clown
Tigre	Tigre
Traje	Costume
Truco	Astuce

Ciudad
Ville

Aeropuerto	Aéroport
Banco	Banque
Biblioteca	Bibliothèque
Cine	Cinéma
Clínica	Clinique
Escuela	École
Estadio	Stade
Farmacia	Pharmacie
Florista	Fleuriste
Galería	Galerie
Hotel	Hôtel
Librería	Librairie
Mercado	Marché
Museo	Musée
Panadería	Boulangerie
Supermercado	Supermarché
Teatro	Théâtre
Tienda	Magasin
Universidad	Université
Zoo	Zoo

Clima
Météo

Atmósfera	Atmosphère
Brisa	Brise
Cielo	Ciel
Clima	Climat
Hielo	Glace
Huracán	Ouragan
Inundación	Inondation
Monzón	Mousson
Niebla	Brouillard
Nube	Nuage
Polar	Polaire
Rayo	Éclair
Seco	Sec
Sequía	Sécheresse
Temperatura	Température
Tormenta	Tempête
Tornado	Tornade
Tropical	Tropical
Trueno	Tonnerre
Viento	Vent

Cocina
Cuisine

Caldera	Bouilloire
Comida	Nourriture
Congelador	Congélateur
Cucharas	Cuillères
Cucharón	Louche
Cuchillos	Couteaux
Delantal	Tablier
Especias	Épices
Esponja	Éponge
Horno	Four
Jarra	Cruche
Palillos	Baguettes
Parrilla	Gril
Receta	Recette
Refrigerador	Réfrigérateur
Servilleta	Serviette
Tarro	Pot
Tazas	Tasses
Tazón	Bol
Tenedores	Fourchettes

Colores
Couleurs

Amarillo	Jaune
Azul	Bleu
Azur	Azur
Beige	Beige
Blanco	Blanc
Carmesí	Cramoisi
Cian	Cyan
Fucsia	Fuchsia
Gris	Gris
Índigo	Indigo
Magenta	Magenta
Marrón	Marron
Naranja	Orange
Negro	Noir
Púrpura	Violet
Rojo	Rouge
Rosa	Rose
Sepia	Sépia
Verde	Vert

Comida #1
Nourriture #1

Ajo	Ail
Albahaca	Basilic
Atún	Thon
Azúcar	Sucre
Canela	Cannelle
Carne	Viande
Cebada	Orge
Cebolla	Oignon
Ensalada	Salade
Espinacas	Épinard
Fresa	Fraise
Jugo	Jus
Leche	Lait
Limón	Citron
Menta	Menthe
Nabo	Navet
Pera	Poire
Sal	Sel
Sopa	Soupe
Zanahoria	Carotte

Comida #2
Nourriture #2

Alcachofa	Artichaut
Almendra	Amande
Apio	Céleri
Arroz	Riz
Berenjena	Aubergine
Cereza	Cerise
Chocolate	Chocolat
Girasol	Tournesol
Huevo	Oeuf
Jengibre	Gingembre
Kiwi	Kiwi
Manzana	Pomme
Pan	Pain
Plátano	Banane
Pollo	Poulet
Queso	Fromage
Tomate	Tomate
Trigo	Blé
Uva	Raisin
Yogur	Yaourt

Conduciendo
Conduite

Accidente	Accident
Calle	Rue
Camión	Camion
Coche	Voiture
Combustible	Carburant
Frenos	Freins
Garaje	Garage
Gas	Gaz
Licencia	Licence
Mapa	Carte
Motocicleta	Moto
Motor	Moteur
Peatonal	Piéton
Peligro	Danger
Policía	Police
Seguridad	Sécurité
Transporte	Transport
Tráfico	Trafic
Túnel	Tunnel
Velocidad	Vitesse

Cuerpo Humano
Corps Humain

Barbilla	Menton
Boca	Bouche
Cabeza	Tête
Cara	Visage
Cerebro	Cerveau
Codo	Coude
Corazón	Cœur
Cuello	Cou
Dedo	Doigt
Hombro	Épaule
Lengua	Langue
Mano	Main
Nariz	Nez
Ojo	Oeil
Oreja	Oreille
Piel	Peau
Pierna	Jambe
Rodilla	Genou
Sangre	Sang
Tobillo	Cheville

Cumpleaños
Anniversaire

Alegre	Joyeux
Amigos	Amis
Año	Année
Aprender	Apprendre
Calendario	Calendrier
Canción	Chanson
Celebración	Fête
Diversión	Amusement
Día	Jour
Especial	Spécial
Feliz	Heureux
Invitaciones	Invitations
Joven	Jeune
Nacer	Né
Pastel	Gâteau
Regalo	Cadeau
Sabiduría	Sagesse
Tarjetas	Cartes
Tiempo	Temps
Velas	Bougies

Deportes
Sports

Atleta	Athlète
Árbitro	Arbitre
Baloncesto	Basket-Ball
Béisbol	Base-Ball
Bicicleta	Vélo
Campeonato	Championnat
Entrenador	Entraîneur
Equipo	Équipe
Estadio	Stade
Ganador	Gagnant
Gimnasia	Gymnastique
Gimnasio	Gymnase
Golf	Golf
Hockey	Hockey
Juego	Jeu
Jugador	Joueur
Movimiento	Mouvement
Nadar	Nager
Tenis	Tennis

Dinosaurios
Dinosaures

Alas	Ailes
Carnívoro	Carnivore
Cola	Queue
Desaparición	Disparition
Enorme	Énorme
Especie	Espèce
Evolución	Évolution
Fósiles	Fossiles
Grande	Grand
Herbívoro	Herbivore
Mamut	Mammouth
Omnívoro	Omnivore
Poderoso	Puissant
Prehistórico	Préhistorique
Presa	Proie
Raptor	Rapace
Reptil	Reptile
Tamaño	Taille
Tierra	Terre
Vicioso	Vicieux

Disciplinas Científicas
Disciplines Scientifiques

Anatomía	Anatomie
Arqueología	Archéologie
Astronomía	Astronomie
Biología	Biologie
Bioquímica	Biochimie
Botánica	Botanique
Ecología	Écologie
Fisiología	Physiologie
Geología	Géologie
Inmunología	Immunologie
Lingüística	Linguistique
Mecánica	Mécanique
Meteorología	Météorologie
Mineralogía	Minéralogie
Neurología	Neurologie
Nutrición	Nutrition
Psicología	Psychologie
Química	Chimie
Sociología	Sociologie
Zoología	Zoologie

Días y Meses
Jours et Mois

Abril	Avril
Agosto	Août
Año	Année
Calendario	Calendrier
Domingo	Dimanche
Enero	Janvier
Febrero	Février
Jueves	Jeudi
Julio	Juillet
Junio	Juin
Lunes	Lundi
Martes	Mardi
Mes	Mois
Miércoles	Mercredi
Noviembre	Novembre
Octubre	Octobre
Sábado	Samedi
Semana	Semaine
Septiembre	Septembre
Viernes	Vendredi

Ecología
Écologie

Clima	Climat
Comunidades	Communautés
Diversidad	Diversité
Especie	Espèce
Fauna	Faune
Flora	Flore
Global	Global
Hábitat	Habitat
Marino	Marin
Natural	Naturel
Naturaleza	Nature
Pantano	Marais
Plantas	Plantes
Recursos	Ressources
Sequía	Sécheresse
Sostenible	Durable
Supervivencia	Survie
Variedad	Variété
Vegetación	Végétation
Voluntarios	Bénévoles

Edificios
Bâtiments

Apartamento	Appartement
Cabina	Cabine
Castillo	Château
Cine	Cinéma
Embajada	Ambassade
Escuela	École
Estadio	Stade
Fábrica	Usine
Garaje	Garage
Granero	Grange
Granja	Ferme
Hospital	Hôpital
Hotel	Hôtel
Laboratorio	Laboratoire
Museo	Musée
Observatorio	Observatoire
Supermercado	Supermarché
Teatro	Théâtre
Torre	Tour
Universidad	Université

Emociones
Émotions

Aburrimiento	Ennui
Agradecido	Reconnaissant
Alegría	Joie
Alivio	Relief
Amor	Amour
Avergonzado	Embarrassé
Bondad	Gentillesse
Calma	Calme
Contenido	Contenu
Emocionado	Excité
Ira	Colère
Miedo	Peur
Paz	Paix
Relajado	Détendu
Satisfecho	Satisfait
Simpatía	Sympathie
Sorpresa	Surprise
Ternura	Tendresse
Tranquilidad	Tranquillité
Tristeza	Tristesse

Escalada
Escalade

Altitud	Altitude
Atmósfera	Atmosphère
Botas	Bottes
Casco	Casque
Cueva	Grotte
Curiosidad	Curiosité
Estabilidad	Stabilité
Estrecho	Étroit
Experto	Expert
Físico	Physique
Formación	Formation
Fuerza	Force
Guantes	Gants
Guías	Guides
Lesión	Blessure
Mapa	Carte
Senderismo	Randonnée
Terreno	Terrain

Escuela #1
École #1

Alfabeto	Alphabet
Almuerzo	Déjeuner
Amigos	Amis
Aprender	Apprendre
Biblioteca	Bibliothèque
Carpetas	Dossiers
Diversión	Amusement
Escritorio	Bureau
Examen	Quiz
Exámenes	Examens
Lápiz	Crayon
Libros	Livres
Marcadores	Marqueurs
Matemática	Math
Números	Nombres
Papel	Papier
Plumas	Des Stylos
Profesor	Enseignant
Respuestas	Réponses
Silla	Chaise

Escuela #2
École #2

Académico	Académique
Autobús	Bus
Biblioteca	Bibliothèque
Calendario	Calendrier
Ciencia	Science
Diccionario	Dictionnaire
Educación	Éducation
Gramática	Grammaire
Juegos	Jeux
Lápiz	Crayon
Lectura	Lecture
Libros	Livres
Literatura	Littérature
Mochila	Sac à Dos
Ordenador	Ordinateur
Papel	Papier
Profesor	Enseignant
Ropa	Vêtements
Suministros	Provisions
Tijeras	Ciseaux

Especias
Épices

Agrio	Aigre
Ajo	Ail
Amargo	Amer
Anís	Anis
Azafrán	Safran
Canela	Cannelle
Cebolla	Oignon
Clavo	Girofle
Comino	Cumin
Curry	Curry
Dulce	Doux
Hinojo	Fenouil
Jengibre	Gingembre
Nuez Moscada	Muscade
Pimentón	Paprika
Pimienta	Poivre
Regaliz	Réglisse
Sabor	Saveur
Sal	Sel
Vainilla	Vanille

Exploración
Exploration

Actividad	Activité
Agotamiento	Épuisement
Animales	Animaux
Aprender	Apprendre
Búsqueda	Quête
Coraje	Courage
Culturas	Cultures
Desconocido	Inconnu
Descubrimiento	Découverte
Determinación	Détermination
Distante	Lointain
Emoción	Excitation
Espacio	Espace
Idioma	Langue
Nuevo	Nouveau
Peligroso	Périlleux
Salvaje	Sauvage
Terreno	Terrain
Viaje	Voyage

Familia
Famille

Abuela	Grand-Mère
Abuelo	Grand-Père
Antepasado	Ancêtre
Esposa	Femme
Hermana	Soeur
Hermano	Frère
Hija	Fille
Infancia	Enfance
Madre	Mère
Marido	Mari
Materno	Maternel
Nieto	Petit-Fils
Niño	Enfant
Niños	Enfants
Padre	Père
Primo	Cousin
Sobrina	Nièce
Sobrino	Neveu
Tía	Tante
Tío	Oncle

Flores
Fleurs

Amapola	Pavot
Diente de León	Pissenlit
Gardenia	Gardénia
Girasol	Tournesol
Hibisco	Hibiscus
Jazmín	Jasmin
Lavanda	Lavande
Lila	Lilas
Lirio	Lys
Magnolia	Magnolia
Margarita	Marguerite
Narciso	Jonquille
Orquídea	Orchidée
Pasionaria	Passiflore
Peonía	Pivoine
Pétalo	Pétale
Ramo	Bouquet
Rosa	Rose
Trébol	Trèfle
Tulipán	Tulipe

Formas
Formes

Arco	Arc
Bordes	Bords
Cilindro	Cylindre
Círculo	Cercle
Cono	Cône
Cuadrado	Carré
Cubo	Cube
Curva	Courbe
Elipse	Ellipse
Esfera	Sphère
Esquina	Coin
Hipérbola	Hyperbole
Lado	Côté
Línea	Ligne
Oval	Ovale
Pirámide	Pyramide
Polígono	Polygone
Prisma	Prisme
Rectángulo	Rectangle
Triángulo	Triangle

Fruta
Fruit

Aguacate	Avocat
Albaricoque	Abricot
Baya	Baie
Cereza	Cerise
Coco	Noix de Coco
Frambuesa	Framboise
Guayaba	Goyave
Kiwi	Kiwi
Limón	Citron
Mango	Mangue
Manzana	Pomme
Melocotón	Pêche
Melón	Melon
Naranja	Orange
Nectarina	Nectarine
Papaya	Papaye
Pera	Poire
Piña	Ananas
Plátano	Banane
Uva	Raisin

Gatos
Chats

Afectuoso	Affectueux
Cazador	Chasseur
Cola	Queue
Curioso	Curieux
Dormir	Dormir
Garra	Griffe
Gracioso	Drôle
Hilo	Fil
Independiente	Indépendant
Juguetón	Espiègle
Loco	Fou
Pata	Patte
Personalidad	Personnalité
Piel	Fourrure
Poco	Peu
Ratón	Souris
Rápido	Rapide
Salvaje	Sauvage
Tímido	Timide

Geografía
Géographie

Altitud	Altitude
Atlas	Atlas
Ciudad	Ville
Continente	Continent
Hemisferio	Hémisphère
Isla	Île
Latitud	Latitude
Longitud	Longitude
Mapa	Carte
Mar	Mer
Meridiano	Méridien
Montaña	Montagne
Mundo	Monde
Norte	Nord
Oeste	Ouest
País	Pays
Región	Région
Río	Fleuve
Sur	Sud
Territorio	Territoire

Geología
Géologie

Ácido	Acide
Calcio	Calcium
Capa	Couche
Caverna	Caverne
Continente	Continent
Coral	Corail
Cristales	Cristaux
Cuarzo	Quartz
Erosión	Érosion
Estalactita	Stalactite
Estalagmitas	Stalagmites
Fósil	Fossile
Géiser	Geyser
Lava	Lave
Meseta	Plateau
Minerales	Minéraux
Piedra	Pierre
Sal	Sel
Volcán	Volcan
Zona	Zone

Granja #1
Ferme #1

Abeja	Abeille
Agricultura	Agriculture
Agua	Eau
Arroz	Riz
Burro	Âne
Caballo	Cheval
Cabra	Chèvre
Campo	Champ
Cuervo	Corbeau
Fertilizante	Engrais
Gato	Chat
Heno	Foin
Miel	Miel
Perro	Chien
Pollo	Poulet
Semillas	Graines
Ternero	Veau
Tierra	Terre
Vaca	Vache
Valla	Clôture

Granja #2
Ferme #2

Agricultor	Agriculteur
Animales	Animaux
Cebada	Orge
Colmena	Ruche
Comida	Nourriture
Cordero	Agneau
Fruta	Fruit
Granero	Grange
Huerto	Verger
Leche	Lait
Llama	Lama
Maíz	Maïs
Oveja	Mouton
Pastor	Berger
Pato	Canard
Prado	Pré
Riego	Irrigation
Tractor	Tracteur
Trigo	Blé
Vegetal	Légume

Herboristería
Herboristerie

Ajo	Ail
Albahaca	Basilic
Aromático	Aromatique
Azafrán	Safran
Calidad	Qualité
Culinario	Culinaire
Eneldo	Aneth
Estragón	Estragon
Flor	Fleur
Hinojo	Fenouil
Ingrediente	Ingrédient
Jardín	Jardin
Lavanda	Lavande
Mejorana	Marjolaine
Menta	Menthe
Perejil	Persil
Planta	Plante
Romero	Romarin
Sabor	Saveur
Verde	Vert

Herramientas
Outils

Alicates	Pinces
Antorcha	Torche
Cable	Câble
Cuchillo	Couteau
Cuerda	Corde
Escalera	Échelle
Grapa	Agrafe
Grapadora	Agrafeuse
Hacha	Hache
Martillo	Marteau
Mazo	Maillet
Navaja	Rasoir
Pala	Pelle
Pegamento	Colle
Regla	Règle
Rueda	Roue
Tijeras	Ciseaux
Tornillo	Vis

Insectos
Insectes

Abeja	Abeille
Avispa	Guêpe
Avispón	Frelon
Áfido	Puceron
Cigarra	Cigale
Cucaracha	Cafard
Escarabajo	Scarabée
Gusano	Ver
Hormiga	Fourmi
Langosta	Criquet
Larva	Larve
Libélula	Libellule
Mantis	Mante
Mariposa	Papillon
Mariquita	Coccinelle
Mosquito	Moustique
Pulga	Puce
Saltamontes	Sauterelle
Termita	Termite

Instrumentos Musicales
Instruments de Musique

Armónica	Harmonica
Arpa	Harpe
Banjo	Banjo
Clarinete	Clarinette
Fagot	Basson
Flauta	Flûte
Gong	Gong
Guitarra	Guitare
Mandolina	Mandoline
Marimba	Marimba
Oboe	Hautbois
Pandereta	Tambourin
Percusión	Percussion
Piano	Piano
Saxofón	Saxophone
Tambor	Tambour
Trombón	Trombone
Trompeta	Trompette
Violín	Violon
Violonchelo	Violoncelle

Jardín
Jardin

Arbusto	Buisson
Árbol	Arbre
Banco	Banc
Césped	Pelouse
Estanque	Étang
Flor	Fleur
Garaje	Garage
Hamaca	Hamac
Hierba	Herbe
Huerto	Verger
Jardín	Jardin
Manguera	Tuyau
Pala	Pelle
Porche	Porche
Rastrillo	Râteau
Rocas	Roches
Suelo	Sol
Terraza	Terrasse
Trampolín	Trampoline
Valla	Clôture

Juguetes
Jouets

Ajedrez	Échecs
Arcilla	Argile
Artesanía	Artisanat
Avión	Avion
Barco	Bateau
Bicicleta	Vélo
Bola	Balle
Camión	Camion
Coche	Voiture
Cometa	Cerf-Volant
Favorito	Favori
Imaginación	Imagination
Juegos	Jeux
Libros	Livres
Muñeca	Poupée
Pinturas	Peinture
Robot	Robot
Rompecabezas	Puzzle
Tambores	Tambours
Tren	Train

Libros
Livres

Autor	Auteur
Aventura	Aventure
Colección	Collection
Contexto	Contexte
Dualidad	Dualité
Escrito	Écrit
Historia	Histoire
Histórico	Historique
Humorístico	Humoristique
Inventivo	Inventif
Lector	Lecteur
Literario	Littéraire
Narrador	Narrateur
Novela	Roman
Página	Page
Pertinente	Pertinent
Poema	Poème
Poesía	Poésie
Serie	Série
Trágico	Tragique

Literatura
Littérature

Analogía	Analogie
Análisis	Analyse
Anécdota	Anecdote
Autor	Auteur
Biografía	Biographie
Comparación	Comparaison
Conclusión	Conclusion
Descripción	Description
Diálogo	Dialogue
Estilo	Style
Ficción	Fiction
Metáfora	Métaphore
Narrador	Narrateur
Novela	Roman
Poema	Poème
Poético	Poétique
Rima	Rime
Ritmo	Rythme
Tema	Thème
Tragedia	Tragédie

Mamíferos
Mammifères

Ballena	Baleine
Burro	Âne
Caballo	Cheval
Camello	Chameau
Canguro	Kangourou
Cebra	Zèbre
Conejo	Lapin
Coyote	Coyote
Delfín	Dauphin
Elefante	Éléphant
Gato	Chat
Gorila	Gorille
Jirafa	Girafe
Lobo	Loup
Mono	Singe
Oso	Ours
Oveja	Mouton
Perro	Chien
Toro	Taureau
Zorro	Renard

Mascotas
Animaux de Compagnie

Agua	Eau
Cabra	Chèvre
Cachorro	Chiot
Cola	Queue
Collar	Collier
Comida	Nourriture
Conejo	Lapin
Correa	Laisse
Garras	Griffes
Gato	Chat
Hámster	Hamster
Lagarto	Lézard
Loro	Perroquet
Patas	Pattes
Perro	Chien
Pescado	Poisson
Ratón	Souris
Tortuga	Tortue
Vaca	Vache
Veterinario	Vétérinaire

Matemáticas
Mathématiques

Aritmética	Arithmétique
Ángulos	Angles
Circunferencia	Circonférence
Cuadrado	Carré
Decimal	Décimal
Diámetro	Diamètre
Ecuación	Équation
Esfera	Sphère
Exponente	Exposant
Fracción	Fraction
Geometría	Géométrie
Números	Nombres
Paralelo	Parallèle
Perímetro	Périmètre
Polígono	Polygone
Radio	Rayon
Rectángulo	Rectangle
Simetría	Symétrie
Triángulo	Triangle
Volumen	Volume

Mediciones
Mesures

Altura	Hauteur
Ancho	Largeur
Byte	Octet
Centímetro	Centimètre
Decimal	Décimal
Grado	Degré
Gramo	Gramme
Kilogramo	Kilogramme
Kilómetro	Kilomètre
Litro	Litre
Longitud	Longueur
Masa	Masse
Metro	Mètre
Minuto	Minute
Onza	Once
Peso	Poids
Profundidad	Profondeur
Pulgada	Pouce
Tonelada	Tonne
Volumen	Volume

Meditación
Méditation

Aceptación	Acceptation
Atención	Attention
Bondad	Gentillesse
Calma	Calme
Claridad	Clarté
Compasión	Compassion
Emociones	Émotions
Gratitud	Gratitude
Mental	Mental
Mente	Esprit
Movimiento	Mouvement
Música	Musique
Naturaleza	Nature
Observación	Observation
Paz	Paix
Pensamientos	Pensées
Perspectiva	Perspective
Postura	Posture
Respiración	Respiration
Silencio	Silence

Mitología
Mythologie

Arquetipo	Archétype
Celos	Jalousie
Cielo	Ciel
Comportamiento	Comportement
Creación	Création
Creencias	Croyances
Criatura	Créature
Cultura	Culture
Desastre	Catastrophe
Fuerza	Force
Guerrero	Guerrier
Héroe	Héros
Inmortalidad	Immortalité
Laberinto	Labyrinthe
Leyenda	Légende
Monstruo	Monstre
Mortal	Mortel
Rayo	Éclair
Trueno	Tonnerre
Venganza	Vengeance

Mueble
Meubles

Alfombra	Tapis
Almohada	Oreiller
Armario	Armoire
Banco	Banc
Cama	Lit
Cojines	Coussins
Colchón	Matelas
Cortinas	Rideaux
Cómoda	Commode
Escritorio	Bureau
Espejo	Miroir
Estantería	Bibliothèque
Estantes	Étagères
Futón	Futon
Hamaca	Hamac
Lámpara	Lampe
Silla	Chaise
Sillón	Fauteuil
Sofá	Canapé

Naturaleza
Nature

Abejas	Abeilles
Animales	Animaux
Ártico	Arctique
Belleza	Beauté
Bosque	Forêt
Desierto	Désert
Dinámico	Dynamique
Erosión	Érosion
Follaje	Feuillage
Glaciar	Glacier
Niebla	Brouillard
Nubes	Nuage
Pacífico	Paisible
Refugio	Abri
Río	Fleuve
Salvaje	Sauvage
Santuario	Sanctuaire
Sereno	Serein
Tropical	Tropical
Vital	Vital

Nutrición
Nutrition

Amargo	Amer
Apetito	Appétit
Calidad	Qualité
Calorías	Calories
Carbohidratos	Glucides
Cereales	Céréales
Comestible	Comestible
Dieta	Diète
Digestión	Digestion
Equilibrado	Équilibré
Fermentación	Fermentation
Nutriente	Nutritif
Peso	Poids
Proteínas	Protéines
Sabor	Saveur
Salsa	Sauce
Salud	Santé
Saludable	Sain
Toxina	Toxine
Vitamina	Vitamine

Números
Nombres

Catorce	Quatorze
Cero	Zéro
Cinco	Cinq
Cuatro	Quatre
Decimal	Décimal
Diecinueve	Dix-Neuf
Dieciocho	Dix-Huit
Dieciséis	Seize
Diecisiete	Dix-Sept
Diez	Dix
Doce	Douze
Dos	Deux
Nueve	Neuf
Ocho	Huit
Quince	Quinze
Seis	Six
Siete	Sept
Trece	Treize
Tres	Trois
Veinte	Vingt

Océano
Océan

Alga	Algue
Anguila	Anguille
Arrecife	Récif
Atún	Thon
Ballena	Baleine
Barco	Bateau
Camarón	Crevette
Cangrejo	Crabe
Coral	Corail
Delfín	Dauphin
Esponja	Éponge
Mareas	Marées
Medusa	Méduse
Ostra	Huître
Pescado	Poisson
Pulpo	Poulpe
Sal	Sel
Tiburón	Requin
Tormenta	Tempête
Tortuga	Tortue

Paisajes
Paysages

Cascada	Cascade
Cueva	Grotte
Desierto	Désert
Estuario	Estuaire
Géiser	Geyser
Glaciar	Glacier
Iceberg	Iceberg
Isla	Île
Lago	Lac
Laguna	Lagune
Mar	Mer
Montaña	Montagne
Oasis	Oasis
Pantano	Marais
Península	Péninsule
Playa	Plage
Río	Fleuve
Tundra	Toundra
Valle	Vallée
Volcán	Volcan

Países #2
Pays #2

Albania	Albanie
Australia	Australie
Austria	Autriche
Dinamarca	Danemark
Etiopía	Ethiopie
Francia	France
Grecia	Grèce
Indonesia	Indonésie
Irlanda	Irlande
Jamaica	Jamaïque
Japón	Japon
Laos	Laos
México	Mexique
Pakistán	Pakistan
Portugal	Portugal
Rusia	Russie
Siria	Syrie
Sudán	Soudan
Ucrania	Ukraine
Uganda	Ouganda

Pájaros
Oiseaux

Avestruz	Autruche
Águila	Aigle
Cigüeña	Cigogne
Cisne	Cygne
Cuco	Coucou
Cuervo	Corbeau
Flamenco	Flamant
Ganso	Oie
Garza	Héron
Gaviota	Mouette
Gorrión	Moineau
Halcón	Faucon
Huevo	Oeuf
Loro	Perroquet
Paloma	Colombe
Pato	Canard
Pelícano	Pélican
Pingüino	Manchot
Pollo	Poulet
Tucán	Toucan

Pesca
Pêche

Agua	Eau
Barco	Bateau
Branquias	Branchies
Cable	Fil
Cebo	Appât
Cesta	Panier
Cocinar	Cuire
Equipo	Équipement
Exageración	Exagération
Gancho	Crochet
Lago	Lac
Mandíbula	Mâchoire
Océano	Océan
Paciencia	Patience
Peso	Poids
Playa	Plage
Río	Fleuve
Temporada	Saison

Piratas
Pirates

Ancla	Ancre
Aventura	Aventure
Bandera	Drapeau
Brújula	Boussole
Capitán	Capitaine
Cicatriz	Cicatrice
Cueva	Grotte
Espada	Épée
Isla	Île
Leyenda	Légende
Loro	Perroquet
Malo	Mauvais
Mapa	Carte
Monedas	Pièces
Oro	Or
Peligro	Danger
Playa	Plage
Ron	Rhum
Tesoro	Trésor
Tripulación	Équipage

Plantas
Plantes

Arbusto	Buisson
Árbol	Arbre
Bambú	Bambou
Baya	Baie
Bosque	Forêt
Botánica	Botanique
Cactus	Cactus
Fertilizante	Engrais
Flor	Fleur
Flora	Flore
Follaje	Feuillage
Frijol	Haricot
Hiedra	Lierre
Hierba	Herbe
Hoja	Feuille
Jardín	Jardin
Musgo	Mousse
Pétalo	Pétale
Raíz	Racine
Vegetación	Végétation

Profesiones #1
Professions #1

Abogado	Avocat
Astrónomo	Astronome
Atleta	Athlète
Bailarín	Danseur
Banquero	Banquier
Bombero	Pompier
Cartógrafo	Cartographe
Cazador	Chasseur
Doctor	Médecin
Editor	Éditeur
Embajador	Ambassadeur
Enfermera	Infirmière
Entrenador	Entraîneur
Fontanero	Plombier
Geólogo	Géologue
Joyero	Bijoutier
Músico	Musicien
Pianista	Pianiste
Psicólogo	Psychologue
Veterinario	Vétérinaire

Profesiones #2
Professions #2

Agricultor	Agriculteur
Astronauta	Astronaute
Biólogo	Biologiste
Cirujano	Chirurgien
Dentista	Dentiste
Detective	Détective
Filósofo	Philosophe
Fotógrafo	Photographe
Ilustrador	Illustrateur
Ingeniero	Ingénieur
Inventor	Inventeur
Investigador	Chercheur
Jardinero	Jardinier
Lingüista	Linguiste
Médico	Médecin
Periodista	Journaliste
Piloto	Pilote
Pintor	Peintre
Profesor	Enseignant
Zoólogo	Zoologiste

Rellenar
Remplir

Bandeja	Plateau
Bañera	Baignoire
Barril	Baril
Bolsa	Sac
Bolsillo	Poche
Botella	Bouteille
Caja	Boîte
Cajón	Tiroir
Carpeta	Dossier
Cartón	Carton
Cesta	Panier
Cubo	Seau
Cuenca	Bassin
Jarrón	Vase
Maleta	Valise
Paquete	Paquet
Sobre	Enveloppe
Tarro	Pot
Tubo	Tube

Restaurante #1
Restaurant #1

Alergia	Allergie
Café	Café
Cajero	Caissier
Camarera	Serveuse
Carne	Viande
Cocina	Cuisine
Comida	Nourriture
Cuchillo	Couteau
Ingredientes	Ingrédients
Menú	Menu
Pan	Pain
Picante	Épicé
Plato	Assiette
Pollo	Poulet
Postre	Dessert
Reserva	Réservation
Salsa	Sauce
Servilleta	Serviette
Tazón	Bol

Restaurante #2
Restaurant #2

Agua	Eau
Almuerzo	Déjeuner
Aperitivo	Apéritif
Bebida	Boisson
Camarero	Serveur
Cena	Dîner
Cuchara	Cuillère
Delicioso	Délicieux
Ensalada	Salade
Especias	Épices
Fruta	Fruit
Hielo	Glace
Huevos	Oeuf
Pastel	Gâteau
Pescado	Poisson
Sal	Sel
Silla	Chaise
Sopa	Soupe
Tenedor	Fourchette
Verduras	Légumes

Ropa
Vêtements

Abrigo	Manteau
Blusa	Chemisier
Bufanda	Foulard
Camisa	Chemise
Chaqueta	Veste
Cinturón	Ceinture
Collar	Collier
Delantal	Tablier
Falda	Jupe
Guantes	Gants
Joyas	Bijoux
Moda	Mode
Pantalones	Pantalon
Pijama	Pyjama
Pulsera	Bracelet
Sandalias	Sandales
Sombrero	Chapeau
Suéter	Pull
Vestido	Robe
Zapato	Chaussure

Selva Tropical
Forêt Tropicale

Anfibios	Amphibiens
Botánico	Botanique
Clima	Climat
Comunidad	Communauté
Diversidad	Diversité
Especie	Espèce
Indígena	Indigène
Insectos	Insectes
Mamíferos	Mammifères
Musgo	Mousse
Naturaleza	Nature
Nubes	Nuage
Pájaros	Oiseaux
Preservación	Préservation
Refugio	Refuge
Respeto	Respect
Restauración	Restauration
Selva	Jungle
Supervivencia	Survie
Valioso	Précieux

Senderismo
Randonnée

Acantilado	Falaise
Agua	Eau
Animales	Animaux
Botas	Bottes
Camping	Camping
Cansado	Fatigué
Clima	Climat
Cumbre	Sommet
Guías	Guides
Mapa	Carte
Montaña	Montagne
Mosquitos	Moustiques
Naturaleza	Nature
Orientación	Orientation
Parques	Parcs
Pesado	Lourd
Piedras	Pierres
Preparación	Préparation
Salvaje	Sauvage
Sol	Soleil

Suministros de Arte
Fournitures d'Art

Aceite	Huile
Acrílico	Acrylique
Acuarelas	Aquarelles
Agua	Eau
Arcilla	Argile
Borrador	Gomme
Caballete	Chevalet
Cámara	Caméra
Cepillos	Brosses
Colores	Couleurs
Creatividad	Créativité
Ideas	Idées
Lápices	Crayons
Mesa	Table
Papel	Papier
Pasteles	Pastels
Pegamento	Colle
Pinturas	Peinture
Silla	Chaise
Tinta	Encre

Surf
Surf

Arrecife	Récif
Atleta	Athlète
Campeón	Champion
Clima	Météo
Diversión	Amusement
Espuma	Mousse
Estilo	Style
Estómago	Estomac
Extremo	Extrême
Fuerza	Force
Multitudes	Foules
Nadar	Nager
Océano	Océan
Ola	Vague
Playa	Plage
Popular	Populaire
Principiante	Débutant
Remo	Pagaie
Velocidad	Vitesse

Tecnología
Technologie

Archivo	Fichier
Blog	Blog
Bytes	Octets
Cámara	Caméra
Cursor	Curseur
Datos	Données
Digital	Numérique
Estadísticas	Statistiques
Fuente	Police
Internet	Internet
Investigación	Recherche
Mensaje	Message
Navegador	Navigateur
Ordenador	Ordinateur
Pantalla	Écran
Seguridad	Sécurité
Software	Logiciel
Virtual	Virtuel
Virus	Virus

Tiempo
Temps

Ahora	Maintenant
Antes	Avant
Anual	Annuel
Año	Année
Ayer	Hier
Calendario	Calendrier
Década	Décennie
Día	Jour
Futuro	Futur
Hora	Heure
Hoy	Aujourd'Hui
Mañana	Matin
Mediodía	Midi
Mes	Mois
Minuto	Minute
Momento	Moment
Noche	Nuit
Reloj	Horloge
Semana	Semaine
Siglo	Siècle

Tipos de Cabello
Types de Cheveux

Blanco	Blanc
Brillante	Brillant
Calvo	Chauve
Corto	Court
Delgada	Mince
Gris	Gris
Grueso	Épais
Largo	Long
Marrón	Marron
Negro	Noir
Ondulado	Ondulé
Plata	Argent
Rizado	Frisé
Rizos	Boucles
Rubio	Blond
Saludable	Sain
Seco	Sec
Suave	Doux
Trenzado	Tressé
Trenzas	Tresses

Vacaciones #1
Vacances #1

Aduana	Douane
Avión	Avion
Billete	Billet
Coche	Voiture
Expedición	Expédition
Ir	Aller
Itinerario	Itinéraire
Lago	Lac
Maleta	Valise
Mochila	Sac à Dos
Moneda	Devise
Museo	Musée
Nadar	Nager
Paraguas	Parapluie
Relajación	Relaxation
Salida	Départ
Tranvía	Tram
Turista	Touriste

Vacaciones #2
Vacances #2

Aeropuerto	Aéroport
Carpa	Tente
Destino	Destination
Extranjero	Étranger
Fotos	Photos
Hotel	Hôtel
Isla	Île
Mapa	Carte
Mar	Mer
Ocio	Loisir
Pasaporte	Passeport
Playa	Plage
Reservas	Réservations
Restaurante	Restaurant
Taxi	Taxi
Transporte	Transport
Tren	Train
Vacaciones	Vacances
Viaje	Voyage
Visa	Visa

Vehículos
Véhicules

Ambulancia	Ambulance
Autobús	Bus
Avión	Avion
Balsa	Radeau
Barco	Bateau
Bicicleta	Vélo
Camión	Camion
Caravana	Caravane
Coche	Voiture
Cohete	Fusée
Ferry	Ferry
Helicóptero	Hélicoptère
Lanzadera	Navette
Metro	Métro
Motor	Moteur
Neumáticos	Pneus
Submarino	Sous-Marin
Taxi	Taxi
Tractor	Tracteur
Tren	Train

Verano
Été

Alegría	Joie
Amigos	Amis
Buceo	Plongée
Camping	Camping
Comida	Nourriture
Estrellas	Étoiles
Familia	Famille
Jardín	Jardin
Juegos	Jeux
Libros	Livres
Mar	Mer
Música	Musique
Nadar	Nager
Ocio	Loisir
Playa	Plage
Relajación	Relaxation
Sandalias	Sandales
Vacaciones	Vacances
Viaje	Voyage

Verduras
Légumes

Ajo	Ail
Alcachofa	Artichaut
Apio	Céleri
Berenjena	Aubergine
Brócoli	Brocoli
Calabaza	Citrouille
Cebolla	Oignon
Ensalada	Salade
Espinacas	Épinard
Guisante	Pois
Jengibre	Gingembre
Nabo	Navet
Oliva	Olive
Patata	Patate
Pepino	Concombre
Perejil	Persil
Rábano	Radis
Seta	Champignon
Tomate	Tomate
Zanahoria	Carotte

Virtudes #1
Vertus #1

Apasionado	Passionné
Artístico	Artistique
Bien	Bon
Curioso	Curieux
Decisivo	Décisif
Eficiente	Efficace
Encantador	Charmant
Fiable	Fiable
Generoso	Généreux
Gracioso	Drôle
Imaginativo	Imaginatif
Independiente	Indépendant
Inteligente	Intelligent
Limpio	Propre
Modesto	Modeste
Paciente	Patient
Práctico	Pratique
Sabio	Sage
Útil	Utile

Enhorabuena

Lo has conseguido!

Esperamos que hayas disfrutado de este libro tanto como nosotros al diseñarlo. Nos esforzamos por crear libros de la máxima calidad posible.
Esta edición está diseñada para proporcionar un aprendizaje inteligente, de calidad y divertido!

¿Te ha gustado este libro?

Una Petición Sencilla

Estos libros existen gracias a las reseñas que se publican.
¿Podrías ayudarnos dejando una reseña ahora?
Aquí tienes un breve enlace a la página de reseñas

BestBooksActivity.com/Opiniones50

¡DESAFÍO FINAL!

Reto n°1

¿Estás listo para tu juego gratis? Los utilizamos siempre, pero no son tan fáciles de encontrar. ¡Aquí están los **Sinónimos!**

Escribe 5 palabras que hayas encontrado en los rompecabezas (#21, #36, #76) y trata de encontrar 2 sinónimos para cada palabra.

Escriba 5 palabras del **Puzzle 21**

Palabras	Sinónimo 1	Sinónimo 2

Escriba 5 palabras del **Puzzle 36**

Palabras	Sinónimo 1	Sinónimo 2

Escriba 5 palabras del **Puzzle 76**

Palabras	Sinónimo 1	Sinónimo 2

Reto n°2

Ahora que te has calentado, escribe 5 palabras que hayas encontrado en los Puzzles 9, 17 y 25 e intenta encontrar 2 antónimos para cada palabra. ¿Cuántos puedes encontrar en 20 minutos?

Escriba 5 palabras del **Puzzle 9**

Palabras	Antónimo 1	Antónimo 2

Escriba 5 palabras del **Puzzle 17**

Palabras	Antónimo 1	Antónimo 2

Escriba 5 palabras del **Puzzle 25**

Palabras	Antónimo 1	Antónimo 2

Reto n°3

¡Genial! Este desafío final no es nada para ti.

¿Preparado para el reto final? Elige 10 palabras que hayas descubierto en los diferentes rompecabezas y escríbelas a continuación.

1.	6.
2.	7.
3.	8.
4.	9.
5.	10.

Ahora escribe un texto pensando en una persona, un animal o un lugar que te guste.

Puedes usar la última página de este libro como borrador.

Tu Composición:

CUADERNO DE NOTAS :

HASTA PRONTO !

Todo el Equipo